ILLUSTRIERTES LEXIKON DER AQUARIENFISCHE

von

Stanislav Frank

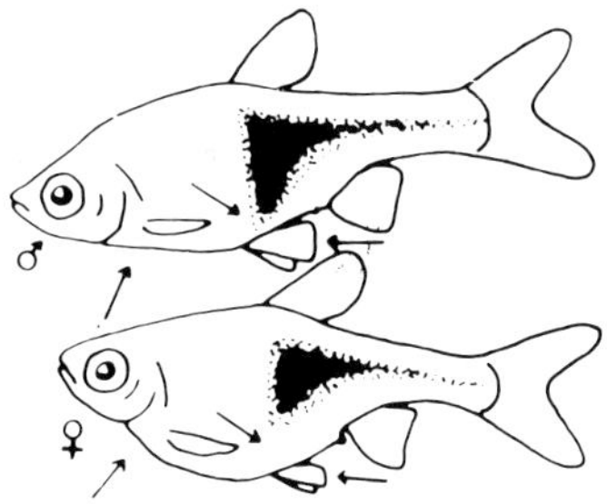

KARL MÜLLER VERLAG

Seite 2:
Goldweiße kurzflossige Zuchtform des Schleierschwanzes (*Carassius auratus* var. *bicaudatus*).

Seite 5:
Ein Männchen der ersten Filialgeneration als Ergebnis einer Kreuzung der roten schleierflossigen Zuchtform von *Betta splendens* und *Betta imbellis*.

Kardinalfisch (Laichakt, siehe Seite 72)

Text von Stanislav Frank
Ins Deutsche übertragen von Ema Echsnerová
Farbfotos von Stanislav Frank u. a.
Zeichnungen von Stanislav Frank
Graphische Gestaltung von Karel Drchal

4 5 9 0 0 1 2

ISBN 3-86070-492-3

3/23/01/52-04

INHALT

1

EINLEITUNG

Bei der Erwähnung des Wortes „Fisch“ hat jeder ein anderes Bild vor Augen. Der Sportangler holt gerade einen abgekämpften Fisch ein, der Taucher schwimmt verzaubert durch die geheimnisvolle Wildnis herrlicher Korallenriffe und der Züchter exotischer Fische bewundert Farbenpracht und Formenvielfalt der im Aquarium gehaltenen Fische. Den meisten Menschen sind diese einmaligen Erlebnisse fremd; dennoch aber lockt und zieht die Welt der Fische, die uns Festlandbewohnern so wenig zugänglich ist, jeden an.

Die Fische sind seit Menschengedenken ein wichtiger Bestandteil der menschlichen Ernährung, und an vielen Orten der Erdoberfläche, besonders in den Küstengebieten, ist der Mensch auch heute noch fast ausschließlich auf den Fischfang angewiesen. Doch auch in den Binnenländern darf die volkswirtschaftliche Bedeutung der Süßwasserfische aus den großen Flüssen und Seen nicht unterschätzt werden. Zu ihrer Zucht wurden im letzten Jahrtausend eine große Zahl von Teichen angelegt. Auch die alten Kulturvölker züchteten Fische, die durch ihre leuchtenden Farben und schönen Formen das Auge erfreuten.

Die moderne Aquaristik nahm zwar um die Mitte des 19. Jhs. in den Arbeitsräumen von Wissenschaftlern wie Biologen und Chemikern ihren Anfang, fand jedoch bald Liebhaber unter den Laien und wurde schließlich ein Hobby breiter Massen auf der ganzen Welt. Sie ist häufig nur ein schmückendes Beiwerk der Wohnkultur, anderseits sind aber auch viele Aquarianer wirkliche Fischkenner, Ichthyologen und Taxonomen. Ihr Verdienst ist es, daß zahlreiche neue Arten beschrieben wurden. Sie führen verschiedene interessante ethologische und genetische Kreuzungsversuche mit Fischen durch. Viele von ihnen sammeln auf eigene Kosten Material in der Natur und befassen sich – allein oder in Zusammenarbeit mit verschiedenen zoologischen oder ichthyologischen Arbeitsstätten – mit rein wissenschaftlich vergleichenden Fachstudien.

Daheim im Aquarium lassen sich am besten Fische aus tropischen und subtropischen Gewässern halten, denn sie sind das ganze Jahr hindurch lebhaft, bedürfen keiner winterlichen Ruhezeit und sind weder von den Jahreszeiten, noch von klimatischen Veränderungen abhängig. Während die kühlen Gewässer der Polargebiete und der gemäßigten Zone nur von einer verhältnismäßig kleinen Zahl – allerdings massenhaft auftretender – Fischarten besiedelt werden, sind die Tropen und die Subtropen die Heimat einer Unzahl kleiner Fischarten und -formen von leuchtenden Farben und häufig bizarrem Aussehen. Ihnen ist dieses Buch gewidmet. Es soll keine streng systematische Übersicht darstellen. Die Fischarten sind aufgrund ihrer charakteristischen Lebensäußerungen in größere Gruppen bzw. Kapitel zusammengefaßt, wobei allerdings die verwandtschaftlichen Beziehungen nicht ganz außer acht gelassen wurden.

DER URSPRUNG DER FISCHE

Die Fische, bis auf wenige Ausnahmen permanent im Wasser lebende Wirbeltiere, erscheinen zum ersten Mal in den Gewässern des Silurs (vor 450–430 Mio. Jahren). Während des Devons und des Karbons (vor 420–290 Mio. Jahren) waren sie die am weitesten verbreiteten und artenreichsten Bewohner unseres Planeten. Auch heute noch sind Fische in ihrem Element praktisch konkurrenzlos – zwar mögen etliche Arten ausgestorben sein, es sind aber vermutlich genauso viele neue Spezies entstanden. Die einzelnen Entwicklungslinien zu verfolgen, ist wegen der wenigen erhaltengebliebenen paläontologischen Fischfunde sehr schwierig. Man nimmt an, daß die ursprünglichen Formen in den Meeren ihren Anfang nahmen. Als Brennpunkt der Verbreitung der „modernen“ Fische gilt gewöhnlich der Indische Ozean, in dem die Fischfauna am reichsten ist. Die paläontologischen Funde der ältesten fossil erhaltenen Fische und die geologischen Erkenntnisse über die Entstehung der Kontinente und Ozeane in der Vergangenheit stützen diese Theorie jedoch nicht. Die Fische könnten theoretisch auch in den Süßgewässern der Festländer entstanden sein und die Meere erst sekundär besiedelt haben. Heute sind die meisten Ichthyologen der Ansicht, daß der Ursprung der rezenten Fischfauna zum Teil im Meer und zum Teil im Süßwasser zu suchen ist.

WIEVIELE FISCHARTEN LEBEN AUF UNSEREM PLANETEN?

Diese Frage stellen sich häufig nicht nur Laien, sondern auch Fachleute – die Ichthyologen. Bis vor kurzem waren die Antworten ziemlich uneinheitlich. Die Ansichten der einzelnen Autoren unterschieden sich stark, und die Schätzungen variierten zwischen 16 000 und 40 000 Arten. Der letzte Versuch einer zuverlässigen Schätzung über die Zahl der heute lebenden Fischarten stammt aus dem Jahr 1970 von dem amerikanischen Ichthyologen D. M. Cohen. Seine – durch langjährige, verantwortungsvolle Studien unterbauten – Endzahlen führen etwa 50 Arten von Kieferlosen (*Agnatha*), 515 bis 555 von Knorpelfischen (*Chondrostei*) und 19 135 bis 20 980 Arten von Knochenfischen (*Osteichthyes*) an. Außerdem werden jährlich etwa weitere 100 Fischarten neu entdeckt und beschrieben.

Die Gesamtzahl von ungefähr 20 000 Fischarten setzt sich folgendermaßen zusammen:
33,1 % Süßwasserfische (primär),
8,1 % Süßwasserfische (sekundär),
0,6 % Süß- und Salzwasser wechselnd (diadrom),
39,9 % Seefische in warmen Küstengewässern,
5,6 % Seefische in kalten Küstengewässern,
6,4 % Seefische, am Meeresboden lebend (benthisch),
1,3 % Seefische, weit von der Küste entfernt lebend (epipelagisch),
5,0 % in Tiefen größer als 200 m lebende Tiefseefische.

Die heute lebenden Süßwasserfische bilden 41,2 % aller Fischarten. Diese Bewohner der Bäche, Flüsse und Seen sind den unmittelbaren menschlichen Einflüssen am intensivsten ausgesetzt; fast die Hälfte der Fischarten unseres Planeten sind unmittelbar einschneidenden Milieuänderungen ausgesetzt oder stark durch den Menschen bedroht.

FÄRBUNG DER FISCHE

In der großen, artenreichen Welt der Fische sind die verschiedensten Färbungen anzutreffen: vom gedämpften Silbergrau über Graublau bis zu den leuchtendsten Farbschattierungen und -kombinationen, von transparenten oder weißlichen bis zu dunkelbraunen und tiefschwarzen Fischen.

Die Färbung der Fische ist nicht nur ein Art-, sondern häufig auch ein Geschlechtsmerkmal. Gewöhnlich sind die Männchen bunter als die Weibchen. Deshalb wurden bei vielen tropischen Fischen beide Geschlechter sogar als zwei selbständige Arten beschrieben. Manchmal ist das Männchen auch nur für die Zeit der Paarung bunt gefärbt.

Sehr häufig stellt die Färbung, verbunden mit der Körperform, auch einen Schutz dar: Die Fische „verschmelzen“ mit der Umgebung, in der sie leben. Einige Seepferdchen und Seenadeln ahmen z. B. durch ihre Farbe und ihre fransigen Hautlappen Meeresalgen nach und sind von ihrer natürlichen Umgebung nicht zu unterscheiden. Aber auch die Färbung des Fisches als Individuum ist nicht beständig.

Kapitel 1

KINDER DER SONNE UND DER WÄRME

Der **Neonsalmler** oder **-tetra** [2] (*Paracheirodon innesi*) kommt am besten im Schwarm und auf dem dunklen Untergrund eines schwach erleuchteten Aquariums zur Geltung.

Die Süßgewässer der Tropen und der Subtropen Afrikas sowie Süd- und Mittelamerikas werden häufig von massenhaft auftretenden bunten Salmlern der Unterordnung Characinoidei bewohnt, die wir im wahrsten Sinn des Wortes „Kinder der Sonne" nennen können. Sie sind in allen Gewässern des regenreichen Urwaldes heimisch, in den kleinen Bächen ebenso wie in den großen Strömen oder in den seichten, den ganzen Tag über sonnenbestrahlten Gewässern. Als Folge ihrer geographischen Verbreitung sind diese Fische fast durchweg sehr wärmeliebend und an Temperaturschwankungen während des Tages und Jahres von nur 1 bis 2 °C gewöhnt. Die für ihre Haltung in der Gefangenschaft optimale Temperatur liegt um 25 °C. Die meisten in Schwärmen lebenden Arten sind lebhaft und gesellig und bei den Aquarianern der ganzen Welt sehr beliebt, da sie eine ausgezeichnete Bereicherung der Gemeinschaftsbecken darstellen. Von den vielen hierher gehörenden Familien führen wir nur die bekanntesten an, wie die Echten Amerikanischen Salmler (Characidae), die Keulensalmler (Hemiodontidae), die Beilbauchfische (Gasteropelecidae), die Echten Afrikanischen Salmler (Alestidae), die Schlanksalmler (Lebiasinidae), die Geradsalmler (Citharinidae), die Sägesalmler (Serrasalmidae) und die Bodensalmler (Characidiidae). Ausgesprochene Raubfische sind nur einige Vertreter der Familie Serrasalmidae, die Piranhas, die zu den gefürchtetsten Süßwasserfischen Südamerikas zählen.

Langflossensalmler [3, 4] (*Brycinus longipinnis*)

Dieser Fisch lebt in den Süßgewässern Westafrikas von Sierra Leone bis ins Flußgebiet des Kongo. Die Männchen sind größer als die Weibchen und erreichen eine Länge von 13 cm. Die sekundären Geschlechtsunterschiede sind beim Langflossensalmler ins Auge stechend. Das Männchen (3) besitzt sehr langgezogene, häufig fransige Rückenflossenstrahlen, fadenförmige Bauchflossen und eine bogenförmig gewölbte Afterflosse mit weißlichem Saum. Beim Weibchen sind die genannten Flossen auffallend kürzer (4 – unten) und die Afterflosse ist gerade abgehackt oder schwach konkav.

◀2

3

4

Der Langflossensalmler laicht im freien Wasser in der Nähe von Pflanzen, Steinen, Holzstückchen oder Wurzelwerk. Aus seinen 2,5 mm großen Eiern schlüpfen bei einer Wassertemperatur von 26 bis 28 °C nach etwa sechs Tagen voll entwickelte Junge, die augenblicklich die Schwimmblase anfüllen und auf exogene Nahrung übergehen. Die geschlüpften Fische schwimmen zuerst in Schräglage in einem Winkel von 30 bis 45° mit dem Kopf nach oben und messen im Durchschnitt 7,2 mm. Für ihre Zucht eignet sich ausschließlich weiches Wasser, dessen Gesamthärte 3° dGH nicht übersteigen sollte. Günstig für die Entwicklung ist gleichfalls die Zugabe von 5–6 Tropfen Toru-Min auf 4–5 Liter Wasser. Als erste Nahrung eignen sich die frisch geschlüpften Nauplien der Salinenkrebschen (*Artemia salina*). Das Zuchtpaar laicht über eine längere Zeitspanne, d.h. auch mehrere Monate lang, in einem Intervall von zwei bis sechs Tagen.

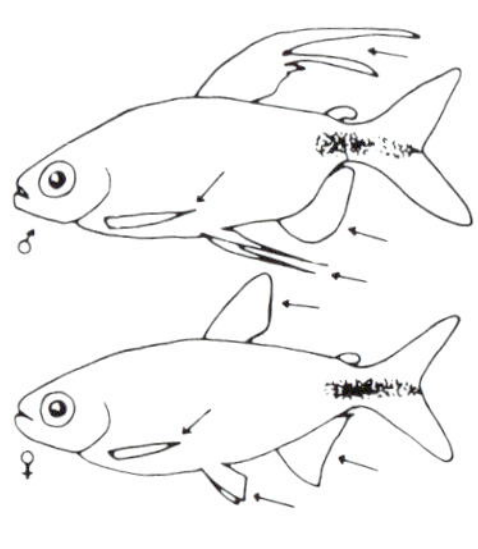

Brycinus longipinnis

Während die Jungen schlüpfen, muß der Behälter stark durchlüftet werden. In sauerstoffreichem Wasser können sich die Fischchen nämlich leichter aus der Eihülle befreien. Erwachsene Tiere ernähren sich hauptsächlich von Anfluginsekten, die sich im Aquarium nur schwer, z. B. mit Tau-, Essig- oder Fruchtfliegen der Gattung *Drosophila*, ersetzen lassen.

Kongosalmler [5] (*Phenacogrammus interruptus*)

Dieser Fisch kommt nur im Flußgebiet des Kongo in Afrika vor. Das größere Männchen erreicht eine Länge von 12 cm, bisweilen wird es sogar noch länger.

Die mittleren Strahlen der Schwanzflosse sind beim Männchen (5 – oben) verlängert und bilden einen die eigentliche Flosse weit überragenden Lappen. Dieser formmäßig und farblich stark variierende wunderschöne Characide laicht am liebsten an sonnigen Tagen im freien Wasser. Die großen, bräunlichen, praktisch nicht klebenden Eier sinken langsam zu Boden. Die Jungfische schlüpfen bei 26–27 °C nach 6 bis 7 Tagen und ihre weitere Entwicklung ähnelt der des Langflossensalmlers.

5

Arnolds Rotaugensalmler [6] (*Arnoldichthys spilopterus*)

Dieser Fisch stammt aus den tropischen Gewässern Westafrikas. Er hat einen spindelförmigen Körper und erreicht eine Länge von etwa 7 cm. Auch bei dieser Art ist die Afterflosse des Männchens (6) nach außen und beim Weibchen nach innen gewölbt. Zucht und Haltung sind ähnlich wie bei den bereits beschriebenen Arten, doch sind die Eier wesentlich kleiner, nur 1,2 mm im Durchmesser. Nach Rolf Beck schlüpfen die wenig entwickelten Embryonen bereits nach 30–36 Stunden, schwimmen jedoch erst nach 7 Tagen frei. In den ersten Tagen sind die Jungfische sehr schreckhaft. Bei guter Fütterung wachsen sie schnell und erreichen im Alter von 14 Tagen eine Länge von 15 mm.

6

Schwarzbandsalmler [7] (*Hyphessobrycon scholzei*)

Dieser Fisch ist im Flußgebiet des Peru in Südamerika beheimatet. Er erreicht eine Länge von etwa 5 cm. Das Männchen ist schlanker als das Weibchen. Dieser völlig anspruchslose Characide vermehrt sich in der Gefangenschaft schon bei einer Temperatur von 23 °C. Bei dem einzigen Ablaichen eines Paares kommt man auf die unglaublich reiche Nachkommenschaft von bis zu 1600 Stück. Mit Rücksicht auf die Aufrechterhaltung der Sauberkeit des Wassers bei der Zucht einer solchen Jungfischzahl muß ein größeres Vollglaslaichbecken gewählt werden. Als Futter eignet sich Lebendfutter, aber auch Trocken-, Kunst- und Pflanzenfutter.

7

8

Serpasalmler [8] (*Hyphessobrycon serpae*)

Der Serpasalmler ist eine in den Stromgebieten des Amazonas und des Rio Guaporé verbreitete Art. Sie erreicht eine Länge um 5 cm und ist eng mit dem Blutsalmler (*H. callistus*) (9) verwandt, von dem sie sich durch eine hellere, ausdrucksvollere hellrote Färbung des Körpers und der Flossen sowie durch einen Schulterfleck unterscheidet, der klein und viereckig ist, bei manchen hellgefärbten Aquariumpopulationen jedoch auch ganz fehlen kann. Beim Blutsalmler ist dieser Schulterfleck größer und kommaförmig. Haltung und Zucht des Serpasalmlers sind relativ einfach und entsprechen der des Schmucksalmlers (*H. ornatus*). Der Unterschied besteht nur in der Kurzlebigkeit des Serpasalmlers, der in der Gefangenschaft gewöhnlich nicht länger als zwei Jahre lebt. Er erkrankt häufig an der praktisch unheilbaren infektiösen Bauchwassersucht, der er bald erliegt.

Junge Exemplare sind bereit, sich das ganze Jahr hindurch zu vermehren. Das Ablaichen (9) verläuft über oder in der Nähe von feinblättrigen Pflanzen.

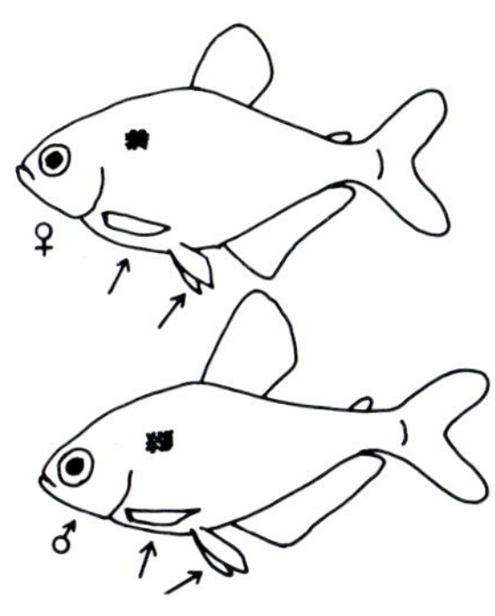

Hyphessobrycon serpae

Schmucksalmler [10] (*Hyphessobrycon ornatus*)

Der Schmucksalmler stammt aus dem Stromgebiet des Amazonas-Unterlaufes und aus den Gewässern Guayanas. Er wird 4–6 cm lang. Dieser widerstandsfähige Characide eignet sich ausgezeichnet für Gesellschaftsbecken. Für die Zucht empfiehlt es sich, nicht zu weiches, sondern lediglich an Karbonaten armes Wasser zu verwenden, gegen die die Embryonen besonders empfindlich sind. Die Sulfathärte soll 6° dNKH nicht übersteigen; ideal ist ein neutraler pH-Wert. In einem härtelosen bzw. zu sauren Wasser erkranken viele Embryonen an konstitutioneller Bauchwassersucht, bringen es nicht fertig, die Schwimmblase zu füllen und schwimmen nicht frei. Der Schmucksalmler ist sehr produktiv, 500–600 Jungfische aus einem Ablaichen sind keine Seltenheit. Nach dem Freischwimmen nehmen sie gierig Salinenkrebschen-Nauplien an und wachsen gut. In den ersten drei Wochen darf die Wassertemperatur nicht unter 27 °C sinken, da die Jungfische sonst schnell eingehen. Auch gegen erhöhte Nitritmengen sind die Fische sehr empfindlich. Deshalb muß regelmäßig der Detritus vom Boden abgesaugt und frisches Wasser der entsprechenden Temperatur nachgefüllt werden. Auch durch rechtzeitiges Versetzen der Jungfische in ein größeres, langes, niedriges Becken mit starker Durchlüftung des Wassers wird unerwünschten Verlusten vorgebeugt.

Häufig wollen die Zuchtpaare nicht laichen, oder es sind nach dem ersten Ablaichen nur wenige Eier befruchtet. In einem solchen Fall darf man die Partner nicht gleich auswechseln, sondern setzt man sie nach 14 bis 17 Tagen erneut ins Laichbecken. Erst das zweite Ablaichen entscheidet über die Fruchtbarkeit der beiden Fische. War es erfolgreich, dann wurde der erste Mißerfolg durch überreife Eier des Weibchens verursacht, und aus den beiden Fischen kann noch ein gutes Zuchtpaar werden. Manchmal ist jedoch das Männchen unfruchtbar und muß ausgewechselt werden. Beim eigentlichen Laichen lockt das Männchen das Weibchen über einen Pflanzenbüschel (*Fontinalis, Vesicularia* u. ä.), drückt sich an dessen Flanke an, und nach einem heftigen Ruck sinkt

9

10

11

eine kleine Wolke wenig klebender Eier zu Boden. Die Jungfische schlüpfen bei 27 °C nach 24–36 Stunden und schwimmen nach 5 Tagen frei. Zwei bis drei Wochen verbergen sie sich im Pflanzenwuchs, bis sie ihre natürliche Scheu überwinden und in kleinen Schwärmen ins „freie Wasser“ hinausschwimmen.

Zitronensalmler [11] (*Hyphessobrycon pulchripinnis*)

Der Zitronensalmler stammt gleichfalls aus Südamerika; über seine Verbreitung ist jedoch nichts Näheres bekannt. In Gefangenschaft erreicht er eine Länge von etwa 5 cm. Das Männchen ist stattlicher, aber schlanker als das Weibchen mit ausgeprägter gelbschwarzer Färbung der Flossen.

Dieser schöne, friedliebende und beliebte Characide ist vom züchterischen Gesichtspunkt dem Schmucksalmler ähnlich. Nur gegen Temperaturabfall ist der Zitronensalmler weniger empfindlich. Die Jungfische vertragen von Anfang an Temperaturschwankungen zwischen 24 und 26 °C.

Perusalmler [12] (*Hyphessobrycon peruvianus*)

Der Perusalmler stammt aus der Gegend von Iquitos am Oberlauf des Amazonas in Peru. Dieser kleine, sehr zartgefärbte, 4 cm lange Fisch wird nur vereinzelt eingeführt, gewöhnlich als Beifang mit anderen, zahlreicher vertretenen Arten. Seine Vermehrung in Gefangenschaft ist bisher noch nicht gelungen.

12

13

Roter von Rio [13, 14] (*Hyphessobrycon flammeus*)

Dieser Fisch bewohnt die Süßgewässer in der Umgebung von Rio de Janeiro. Im Aquarium ist er widerstandsfähig, friedliebend und immer rege. Er bewegt sich in den mittleren Wasserschichten des Aquariums. Das Männchen (14 – rechts) ist schlanker als das Weibchen und trägt einen sattschwarzen Afterflossensaum. Körper und Flossen sind blutrot gefärbt. Das Weibchen ist weniger ausdrucksvoll in der Färbung. Im Winter ver-

14

tragen die Fische auch niedrigere Temperaturen bis etwa 16 °C. Sie eignen sich ausgezeichnet für Gesellschaftsbecken. Zum Laichen können Vollglasaquarien mit einem freischwimmenden Wasserpflanzenbüschel oder größere Rahmenbehälter mit normaler Ausstattung und Sandboden verwendet werden. Der Rote von Rio laicht paarweise oder im Schwarm in der Nähe feinblättriger Pflanzen (*Myriophyllum, Fontinalis*).

Die Jungfische schlüpfen aus glasigen, durchsichtigen Eiern bei einer Wassertemperatur von 20 bis 24 °C in 24–36 Stunden, hängen an den Pflanzen und an den Aquariumglasscheiben und schwimmen nach 5 Tagen frei. Sie nehmen nicht nur Lebendfutter aller Art und entsprechender Größe, sondern auch künstliche Nahrung. Diese muß jedoch vorher angefeuchtet werden, damit sie langsam zu Boden sinkt, denn die Jungfische nehmen keine Nahrung von der Wasseroberfläche.

Roter Goldflecksalmler [15] (*Hyphessobrycon griemi*)

Dieser Fisch ist ein naher Verwandter des 'Roten von Rio' (*H. flammeus*) und des Gelben Salmlers (*H. bifasciatus*). Er wurde in Brasilien bei Goiás entdeckt und von dort nach Europa eingeführt. Dieser lebhafte Schwarmfisch erreicht eine Länge von etwa 4 cm. Bei Erregung kleidet sich sein ganzer Körper in ein zinnoberrotes Gewand. Die Zucht entspricht der vorgenannten Art, allerdings darf hier die Wassertemperatur nicht unter 20 °C sinken, die Entwicklung der Eier und Jungfische erfordert weicheres Wasser.

15

Dreibandsalmler [16] (*Hyphessobrycon heterorhabdus*)

Der Dreibandsalmler ist ein lebhafter, friedliebender Schwarmfisch aus dem Unterlauf des Amazonas und des Rio Tocantins. Er wird bis 5 cm lang. Seine Haltung, Zucht und Aufzucht in Gefangenschaft ist ähnlich wie beim 'Roten von Rio'. Auch dem Dreibandsalmler schadet ein Temperaturabfall bis auf 20 °C nicht. Eier und Jungfische benötigen für ihre erfolgreiche Entwicklung schwach saures, sehr weiches Wasser (um 3° dNKH) mit zugesetztem, durch Auslaugung gewonnenem Torfextrakt. Zum Ablaichen und für die Aufzucht der Jungfische muß das Wasser eine Temperatur um 26 °C aufweisen. Die Jungfische nehmen nur lebendes Staubfutter an.

16

17

18

Perez- oder **Kirschflecksalmler** [17, 18] (*Hyphessobrycon erythrostigma*)

Dieser Fisch ist unter den Aquarianern häufiger unter dem alten wissenschaftlichen Namen *H. rubrostigma* bekannt. Der Fisch stammt aus Kolumbien und erreicht eine Länge von 10–12 cm. Dieser schöne, dekorative Salmler ist sehr langlebig. Das Männchen (18) besitzt eine sichelförmig verlängerte große Rückenflosse. Über die Aufzucht ist nicht viel bekannt. Das Verhalten des Männchens beim Imponieren und Lokken des Weibchens (17) ist ähnlich wie beim Schmucksalmler (*H. ornatus*). Der Kirschflecksalmler braucht allerdings eine höhere Wassertemperatur, d.h. mindestens 25 bis 26 °C, und verschiedenartige Nahrung, hauptsächlich Anfluginsekten und Rote Mükkenlarven, er nimmt aber auch mit künstlichem Futter, wie Tetra-Min, vorlieb. Importtiere sind gewöhnlich stark verpilzt. Da der Perezsalmler Medikamente schlecht verträgt, heilen wir sie lieber durch eine Erhöhung der Wassertemperatur im Becken, in dem wir häufig frisches Wasser nachfüllen. Einen imposanten Anblick bieten vor allem die voll erwachsenen Männchen, die einander mehrere Stunden lang mit weit gespreizten Flossen in Imponierstellung umschwimmen, aber nie wirklich aggressiv werden.

Laternensalmler [19] (*Hemigrammus ocellifer ocellifer*)

Der Laternensalmler wurde nach Europa erst im Jahr 1960 eingeführt. Obwohl sich die Art bald vermehrte, geriet sie rasch wieder in Vergessenheit. Seit 1910 wurde sie von den Aquarianern ständig mit ihrer Unterart *H. ocellifer falsus* verwechselt. Die Jungfische schlüpfen in ungefähr 24 Stunden bei einer Wassertemperatur von 24 bis 26 °C aus der Eihülle. Häufiger Wasserwechsel und das Absaugen des Detritus ist für die Gesundheit und das schnelle Wachstum der Jungfische lebensnotwendig.

19

Karfunkelsalmler [20] (*Hemigrammus pulcher*)

Dieser Fisch ist im peruanischen Teil des Amazonas bei Iquitos beheimatet. Er ist ein ruhiger Schwarmfisch, der etwa 5 cm lang wird. Zur Zucht ist ein größeres Vollglasbecken von wenigstens 30–50 Liter erforderlich, denn das Treiben und Ablaichen ist sehr heftig. Im freien Wasser laicht das Paar gewöhnlich knapp unter der Oberfläche. Zum Laichen kann nur ein Weibchen mit genügend ausgereiften Eiern eingesetzt werden, da es sonst vom Männchen in kurzer Zeit zu Tode gejagt wird.

20

21

Rautenflecksalmler [21] (*Hemigrammus caudovittatus*)

Der Rautenflecksalmler stammt aus dem La Plata-Stromgebiet und wird etwa 10 cm lang. Wegen seiner Anspruchslosigkeit ist er vor allem für aquaristische Anfänger geeignet. Er verträgt einen Temperaturabfall bis auf 16 °C.

Sein ganzes Leben lang ist dieser Fisch gefräßig. Er ernährt sich außer von Plankton-Lebewesen (Hüpferlinge und Wasserflöhe) und Bodenfauna (*Tubifex*-Würmer und Rote Mückenlarven) auch von Kunstfutter und knabbert mit Vorliebe an den Aquariumpflanzen oder frißt vorgelegte Salatblätter. Bezüglich der Wasserzusammensetzung sind weder Eier noch Jungfische anspruchsvoll. Mittelhartes Leitungswasser kann bedenkenlos verwendet werden.

Glühlichtsalmler [22, 23] (*Hemigrammus erythrozonus*)

Dieser Fisch lebt in Guayana. Das Weibchen, das größer als das Männchen ist, erreicht eine Länge von 4,5 cm. Für seine Zucht genügt auch ein kleineres Vollglasbecken mit etwa 8° dNKH hartem Wasser. In weniger hartem Wasser schlüpft zwar eine große

22

23

Menge von Jungfischen, doch leiden die meisten an konstitutioneller Bauchwassersucht und gehen in kurzer Zeit ein. Die Karbonathärte soll 1° dKH nicht überschreiten. Auch eine kleine Menge von Torfextrakt beeinflußt die Entwicklung der Eier günstig. Die Temperatur muß im Bereich von 26 bis 28 °C liegen. Das Zuchtpaar laicht in einem Dickicht feinfiedriger Wasserpflanzen (23), z. B. Quellmoos (*Fontinalis antipyretica*), Javamoos (*Vesicularia dubyana*) u. a. Am Ende jedes Laichaktes drehen beide Fische in einer waagerechten Spirale den Bauch nach oben, wobei das Weibchen die Eier ausstößt. Während der Aufzucht muß der Detritus fortlaufend abgesaugt und Wasser nachgefüllt werden, sonst würde das Nitritniveau ansteigen, für das die Jungfische sehr empfindlich sind (es blockiert die Atmung). Zuerst sind die Jungfische gelblich gefärbt, später kommt eine dunkle Zeichnung hinzu. Sie nehmen mit Appetit verhältnismäßig große Lebendnahrung an (z. B. Salinenkrebschen-Nauplien) und wachsen gut. Seit einigen Jahren ziehen die Aquarianer die goldene Zuchtform vor.

Kupfersalmler [24] (*Hasemania nana*)

Der Kupfersalmler aus den südbrasilianischen Gewässern wird etwa 5 cm lang. Das Weibchen ist gelb bis olivgrün. Das schlankere und größere Männchen ist prachtvoll kupfrig gefärbt. Je nach Ursprungsort und Laune variiert ihre Färbung stark.

Das Zuchtpaar laicht am Abend bei künstlicher Beleuchtung. Während des Ablaichens drängt es sich durch das dichte Pflanzengewirr. Die braunen bis schwarzen Eier sind nur ungefähr 1 mm groß und stark klebend. Die Jungfische schlüpfen nach 24 bis 36 Stunden. Ihr Körper ist durchsichtig, der Dottersack dunkel. Etwa nach drei Tagen haben die Jungen schon schwarze Augen. Nach 5 bis 6 Tagen schwimmen sie frei. Sie sind gar nicht scheu, schwimmen im Vollglasaquarium umher und verstecken sich nicht im Pflanzenbewuchs. Zuerst nehmen die rasch wachsenden Fischchen am liebsten Rotatorien und *Cyclops*-Nauplien an.

24

25

Bleher's Salmler [25] (*Hemigrammus bleheri*)

Dieser Fisch stammt aus dem Einzugsgebiet des Rio Cuiuni, eines Nebenflusses des Rio Negro und wird etwa 4 cm lang. Importierte Fische sind zwar anfangs scheu, gewöhnen sich aber schnell an die Gefangenschaft. Die Geschlechtsunterschiede sind aus dem Farbbild (25) ersichtlich (oben das Weibchen, unten das Männchen). Jahrelang wurde diese Art mit dem Rotmaulsalmler (*H. rhodostomus*) und dem Rotkopfsalmler (*Petitella georgiae*) verwechselt. Heute ist jedoch der Bleher's Salmler bei den Aquarianern recht populär. Er vermehrt sich gut. Überdies ist schon eine goldene Aquarienzuchtform bekannt und beliebt.

Rotkopfsalmler [26] (*Petitella georgiae*)

Dieser Fisch lebt im Oberlauf des Amazonas, und zwar im Rio Huallaga und in der Umgebung von Iquitos in Peru. Die Weibchen sind sehr stattlich und bis 6 cm lang, die kleineren Männchen schlank (auf dem Bild zwei Männchen). Von Bleher's Salmler unterscheidet er sich durch nur einen halbmondförmigen Fleck oben an der Schwanzwurzel. Auch die Ausfärbung der Schwanzflosse ist bei beiden Arten verschieden.

Die Rotfärbung des Kopfes endet auf den Kiemendeckeln, während sie sich bei Bleher's Salmler keilförmig an den Körperseiten bis unter die Rückenflossenbasis hinzieht (siehe Bild 25). Im Aquarium laicht der Rotkopfsalmler in weichem, etwa 25 °C warmem Wasser. Die Aufzucht ist wenig produktiv. Die Jungfische schlüpfen nach ungefähr 30 bis 36 Stunden.

26

Neontetra [27, 28, 29] (*Paracheirodon innesi*)

Dieser Fisch besiedelt den Oberlauf des Amazonas und den Rio Purus. Er erreicht eine Länge von 4 cm. Das Weibchen ist größer als das Männchen. Jahrelang gehörte dieser Fisch zu den sogenannten Problemfischen. Erst nach dem zweiten Weltkrieg lösten Aquarianer das Geheimnis seiner Aufzucht, das vor allem in hohen Ansprüchen bezüglich der Wasserzusammensetzung bestand. Das Wasser muß nämlich sehr weich (1 bis 2° dNKH – ohne Karbonathärte) sein und einen pH-Wert zwischen 6,2–6,8 aufweisen. Ein kleiner Zusatz von Torfextrakt ist notwendig. Beim Ablaichen soll die Wassertemperatur zwischen 23 und 24 °C liegen. Das Paar laicht über Pflanzen und muß nach dem Ablaichen sofort herausgenommen werden, weil es sonst die Eier auffrißt. Die Jungen schlüpfen nach 24 Stunden und schwimmen nach fünf Tagen frei. Ein Laichansatz er-

27

28

gibt 70–250 Jungfische. Nach 14 Tagen färben sie sich rot und im Alter von 18 bis 21 Tagen zeigt sich bereits der grünblaue, glitzernde Längsstreifen. Es ist vorteilhaft, Zuchtfische außerhalb der Laichzeit bei einer niedrigeren Temperatur unter 20 °C zu halten. Bei Temperaturen über 24 °C reifen die Eier des Weibchens zu schnell und verlassen ohne Laichakt die Leibeshöhle. Das Weibchen verliert das Interesse am Ablaichen, seine Bauchlinie wird gerade und ähnelt der des Männchens; außerdem sind die Fische zanksüchtig und für eine weitere Zucht ungeeignet. Jetzt wird auch eine golden schimmernde Aquarienmutante (27) gezüchtet.

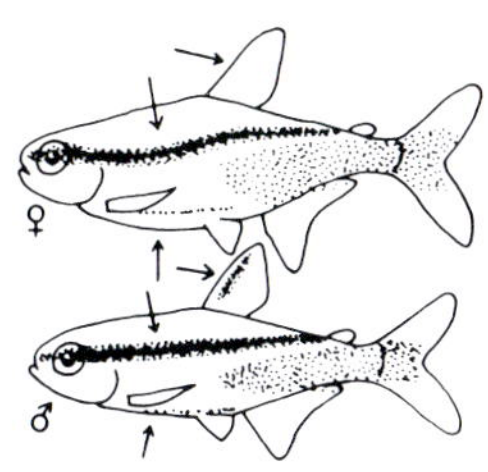

Paracheirodon innesi

29

Roter Neon [30] (*Cheirodon [Lamprocheirodon] axelrodi*)

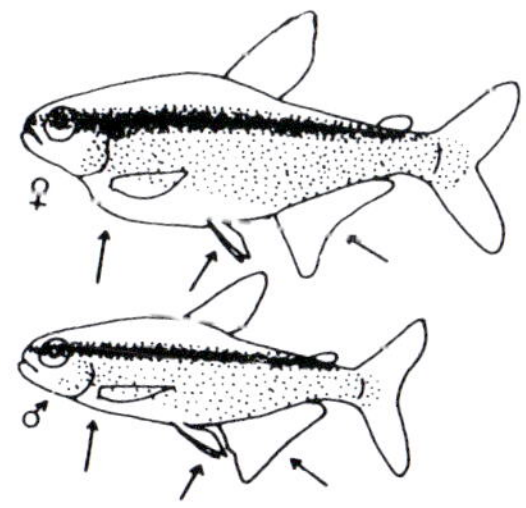

Cheirodon (Lamprocheirodon) axelrodi

Dieser Salmler lebt in den Nebenflüssen des Rio Negro und im Stromgebiet des Orinoko. Die Importe aus den verschiedenen Orten unterscheiden sich durch die Größe und häufig auch durch die Flossenfärbung. Die Weibchen sind größer als die Männchen und erreichen eine Länge von 5 cm. Wenn die Eier ausgereift sind, ist der Bauch des Weibchens so deformiert, daß es krankhaft – wie bauchwassersüchtig – aussieht. Die Fische laichen im freien Wasser in der Dämmerung oder in der Nacht oder aber bei schwacher künstlicher Beleuchtung. Die Eier entwickeln sich erfolgreich in sehr weichem Wasser um 1° dNKH bei niedrigem pH-Wert = 5 bis 5,5, beispielsweise in altem Regen- oder Schneewasser ohne Zusatz von Torfextrakt. Bei einer Wassertemperatur von 27 bis 28 °C schlüpfen die Jungfische schon nach 18 bis 20 Stunden. In den darauffolgenden Tagen liegen sie auf dem Boden und am fünften bis sechsten Tag füllen sie die Schwimmblasen und schwimmen frei. Die Jungen reagieren auf Erschütterungen sowie auf plötzliche Beleuchtungsänderungen und sind ziemlich scheu. Der Rote Neon ist ungemein fruchtbar. 400 bis 600 Eier von einem Rogner aus einem Ablaichen sind keine Besonderheit. Jungfische wachsen sehr langsam. Für fünf bis sechs Wochen müssen sie mehrmals täglich mit kleinen Mengen von lebendem Staubfutter, Rädertierchen, *Cyclops*- und *Artemia*-Nauplien gefüttert werden. Nach 5 Wochen färben sich die Jungfische grün (Längsstreifen), und ihre Größe entspricht dann etwa der eines 17 Tage alten Neontetra.

Von Zeit zu Zeit werden auch andere südamerikanische Vertreter der Gattung *Cheirodon* importiert, wie *Ch. piaba, Ch. meinkeni, Ch. leuciscus* u. ä., aber nur bei wenigen von ihnen gelang die Vermehrung in der Gefangenschaft.

30

Blinder Höhlensalmler [31] (*Anoptichthys jordani*)

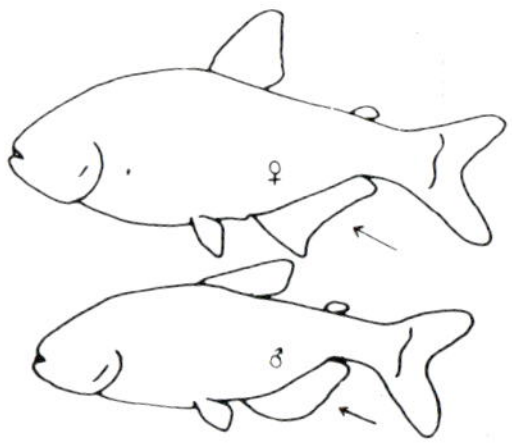

Anoptichthys jordani

Dieser Fisch besiedelt die unterirdischen Gewässer in Cueva Chica in der Provinz San Luis Potosi in Mexiko. Sein Ursprung wird von der Unterart *Astyanax fasciatus mexicanus* abgeleitet, mit der er sich auch fruchtbar kreuzt. Deshalb betrachten ihn einige Ichthyologen nicht als selbständige Gattung und Art, sondern nur als Höhlenform der Ausgangsform *A. f. mexicanus*. *A. jordani* ist nach vieljähriger Züchtung am Licht nicht mehr fleischrot, sondern silbrig gelbrosa gefärbt. Er erreicht eine Länge von 12 cm. Die Weibchen sind größer als die Männchen. Für ihre Zucht ist warmes (26–27 °C), hartes Wasser (wenigstens 15° dGH) erforderlich, das den Verhältnissen in ihrer Heimat entspricht. Die Jungen schlüpfen mit deutlich erkennbaren Augen, die jedoch zum Sehen ungeeignet sind, nicht wachsen und Reduktionsänderungen unterworfen sind. Bei 52 Tage alten Fischen sind sie mit einer festen, aus der äußeren Augenhaut (*Sclera*) entstandenen, knorpelartigen Hülle verschlossen und mit einem dicken Fettpolster bedeckt.

31

Zweitupfensalmler [32] (*Exodon paradoxus*)

Dieser Fisch lebt in den Gewässern des Rio Branco und Rupununi im nördlichen Teil Südamerikas. Seiner bunten Färbung wegen hätte er, wenn er nicht so ungemein raub-

32

gierig wäre, ein erfolgreicher Aquarienfisch sein können. Die Eier legt er auf Pflanzen ab. Die Jungfische schlüpfen bei 26–28 °C nach 25–30 Stunden. Zucht und Aufzucht sind schwierig.

Rotflossensalmler [33] (*Aphyocharax anisitsi*)

Dieser Fisch stammt aus dem argentinischen Teil des Paraná. Es werden zwar auch viele andere Arten der Gattung *Aphyocharax* gelegentlich eingeführt, doch ist keine von ihnen im Aquarium heimisch geworden.

Der Rotflossensalmler ist ein lebhafter, anspruchsloser Fisch, der ein sonnenbestrahltes Aquarium liebt. Er wird nur 5,5 cm lang. Die Eier legt er auf Pflanzen ab. Die Jungfische schlüpfen bei 24–28 °C nach etwa 30 Stunden und hängen sich an die Aquariumswände, an die Pflanzen, ja sogar an das Wasseroberflächenhäutchen. Nach fünf Tagen nehmen sie kleines Lebendfutter, aber auch Trocken- und Kunstfutter an.

33

Roter Phantomsalmler [34] (*Megalamphodus sweglesi*)

Dieser Fisch lebt im Rio Muco und im Oberlauf des Rio Meta in Südamerika. Er wird etwa 4 cm lang. Für seine Zucht ist weiches, schwach saures Wasser erforderlich. Das Durchschnittsergebnis aus einem Ablaichen überschreitet 150–300 Junge nicht. Die Jungfische wachsen sehr schnell. Ein Schwarm der orangefarbenen Fische im Grün des Aquariums ist sehr hübsch und wirkungsvoll. Der verhältnismäßig kurzlebige Rote Phantomsalmler leidet häufig an infektiöser Bauchwassersucht und Plistophorose. Ein beliebter Aquariumzögling ist der verwandte, aus dem Rio Guaporé stammende Schwarze Phantomsalmler (*M. megalopterus*). Der Anblick zweier Männchen dieser Art im Imponierstellung ist überwältigend. Das Männchen ist größer als das Weibchen und besitzt unterschiedlich gefärbte Flossen. So sind z. B. die Bauchflossen und die Fettflosse des Weibchens rot, die des Männchens grau bis schwarz.

34

Brillantsalmler [35] (*Moenkhausia pittieri*)

Der Brillantsalmler wurde aus Venezuela eingeführt und erreicht eine Größe von etwa 6 cm. Haltung und Aufzucht sind nicht schwierig, obgleich die Ansprüche bezüglich Wasserqualität ähnlich wie beim Neontetra (*Paracheirodon innesi*) recht hoch sind. Erwachsene Fische brauchen viel Raum, also ein größeres Aquarium.

Zwergdrachenflosser [36] (*Stevardia riisei*)

Dieser Fisch bewohnt die Gewässer Trinidads und Nordvenezuelas. Die Männchen sind größer als die Weibchen und werden 7 cm lang. Ihr Kiemendeckel geht nach hinten in ein mit einem „Spiegel" versehenes, langes, löffelartiges Gebilde über. Dieser Characide ist anspruchslos, fühlt sich jedoch nur in einem genügend dicht bepflanzten Bek-

35

ken wohl. Interessant sind die Hochzeitsspiele dieser Fische, denn es findet eine Innenbefruchtung der Eier statt. Das Weibchen legt darauf die Eier ohne Gegenwart des Männchens. Die Jungfische schlüpfen nach 20–36 Stunden entsprechend der Wassertemperatur (25–28 °C).

36

Grünpunktsalmler [37] (*Poecilocharax weitzmani*)

Dieser Characide ist in Südamerika am Oberlauf des Silimoes und in den Gewässern des gemeinsamen Quellgebietes der Flüsse Rio Negro und Orinoko beheimatet. Er gehört zur Familie Crenuchidae. Das Männchen ist größer als das Weibchen, allerdings wird das voll erwachsene Männchen nicht länger als 3 cm. Im Aquarium ist der Grünpunktsalmler sehr scheu, liebt gedämpftes Licht und Schlupfwinkel. Die Gesellschaft anderer Fische verträgt er schlecht. Er nimmt Lebendfutter jeder Art an. Als Laichplatz dient ihm das Innere senkrechter, etwa 20 cm langer Bambusstäbe oder Vinidurrohre. Um die Eier und die ausgeschlüpften Jungfische kümmert sich das Männchen. Nach dem Freischwimmen der Jungfische bereitet ihre Aufzucht mit kleinen Rädertierchen und *Cyclops*-Nauplien keine Schwierigkeiten. Dennoch ist dieser Salmler immer noch selten in Aquarien anzutreffen.

37

Halbbinden-Schrägschwimmer [38] (*Thayeria obliqua*)

Dieser Fisch stammt aus dem Rio Quaporé, einem Nebenfluß des Amazonas, und wird 8 cm lang. Nach Weitzman ist die später unter dem Namen *T. sanctaemariae* beschriebene Art dieselbe wie *T. obliqua*. Der Halbbinden-Schrägschwimmer ist ein reger, dekorativer Fisch, doch Aquarianer sind auch heute noch nur auf Importe aus der Natur angewiesen, denn seine Zucht ist bisher nicht gelungen. Er ist ein Allesfresser, gibt aber Planktonnahrung den Vorzug. Schon seit vielen Jahrzehnten wird er mit der nachstehenden Art verwechselt.

Schrägschwimmer [39] (*Thayeria boehlkei*)

Diese Fischart wurde im Oberlauf des Marañón, eines Nebenflusses des Amazonas, entdeckt. Der dunkle Längsstreifen beginnt gleich hinter dem Kiemendeckelrand. Die Ausfärbung ist bei beiden Geschlechtern gleich. Das Weibchen ist in der Laichzeit

38

in der Bauchpartie voller. Von unterschiedlicher Form ist auch die Schwimmblase. Erwachsene Fische können, da sie ausgezeichnet springen, nur in einem gut abgedeckten Aquarium gehalten werden. Manche Importtiere führen beim Fangen mit einem Netz bis zwei Meter lange Sprünge aus. Zur Zucht ist ein Vollglasbecken von 30 bis 40 Liter Inhalt erforderlich, mit weichem Wasser, Nichtkarbonathärte 3–5° dNKH, Karbonathärte Null und einer optimalen Wassertemperatur von 26 °C. Wasserpflanzen sind eher Dekoration, denn zum Ablaichen brauchen die Fische sie nicht. Man setzt 3–5 Weibchen zu 1–2 Männchen ein. Die Fische laichen in der Abenddämmerung. Die Eiablage verläuft stürmisch. Während der ganzen Entwicklung der Embryonen in der Eihülle und nach dem Schlüpfen muß der pH-Wert über 7,0 liegen. Nach dem Freischwimmen wird ausschließlich mit lebendem Staubfutter gefüttert. Die Jungfische wachsen schnell und erreichen im Alter von vier Wochen schon eine Länge von 10 bis 12 mm. Tausend Junge aus einem Laichvorgang sind keine Seltenheit.

39

Augenstrichsalmler [40] (*Pyrrhulina rachoviana*)

Der Augenstrichsalmler stammt aus dem unterlauf des Paraná und La Plata und wird 5 bis 7 cm lang. Geschlechtsunterschiede bestehen nur in der Bauchform, die bei den Weibchen rundlicher ist. Im Aquarium laicht der Augenstrichsalmler willig auf den Pflanzenblättern oder in Sandgruben ab.

40

41

Afrikanischer Dreistreifensalmler [41]
(*Neolebias* [*Rhabdaethiops*] *trilineatus*)

Dieser Fisch bewohnt das seichte Uferwasser im Oberlauf des Kongo. Das größere Weibchen wird etwa 4 cm lang.

Dieser Fisch, der in Europa lange unter der Handelsbezeichnung „Goldneon" bekannt war, laicht in seichtem Wasser im Pflanzendickicht. Die Jungfische sind ziemlich scheu. Die Art ist zwar farblich sehr schön, aber unproduktiv.

Zwergziersalmler [42] (*Nannostomus marginatus*)

Der Zivergziersalmler ist ein nur etwa 4 cm langer, zwar lebhafter, aber wenig produktiver Characide aus Surinam und Westguayana. Zur Zucht genügen Miniaturvollglasbecken von 3 Liter Inhalt. Das Wasser soll weich, höchstens bis 2° dNKH, sein. Die Eier werden auf Pflanzen abgelegt, wo sie nur kurze Zeit kleben. Dann fallen sie zu Boden. 50–70 Junge aus einem Ablaichen sind bereits ein beachtlicher Erfolg. Nach der Berührung durch das Wasser quillt die Eihülle schnell und bildet um das Ei einen großen, durchsichtigen Raum. Bei einer Temperatur von 26 °C schlüpfen die Jungfische bereits nach 30 Stunden. Sie sind widerstandsfähig gegen Temperaturabfall bis auf 20 °C und nicht wählerisch. Nach dem Freischwimmen nehmen sie auch größere Happen, wie *Cyclops*-Nauplien und frisch geschlüpfte Salinenkrebschen, an.

42

43

Dreibindenziersalmler [43, 44] (*Nannostomus trifasciatus*)

Dieser Fisch ist ein im Stromgebiet des Amazonas-Mittellaufes, in Westguayana und im Rio Negro verbreitet. Die Weibchen sind größer und erreichen eine Länge von ungefähr 6 cm. Die Dreibindenziersalmler verhalten sich beim Laichen ähnlich wie die Zwergziersalmler. Bei den Hochzeitsspielen biegt das Männchen seine hintere Körperhälfte mit typisch wiegenden Bewegungen auf und ab (siehe Zeichnung A), dann schwimmt es von der Seite an das Weibchen heran und wieder fort zu den Pflanzen, so als ob es ihm den Weg zeigen wollte. Dieses Benehmen hält unterschiedlich lange an. Die Weibchen, deren Eier nicht reif sind, tragen ähnlich wie während der Nacht Querstreifen (44 oben) und sind bemüht, sich im Pflanzendickicht vor dem Männchen zu verbergen. Die normal längsgestreiften Weibchen (44 unten) – mit reifen Eiern – schwimmen selbst in die vom Männchen angegebene Richtung. Zu einem solchen Weibchen kehrt das Männchen sofort zurück, stellt sich mit seiner Kehle über den Hinterkopf des Weibchens (siehe Zeichnung B) und führt

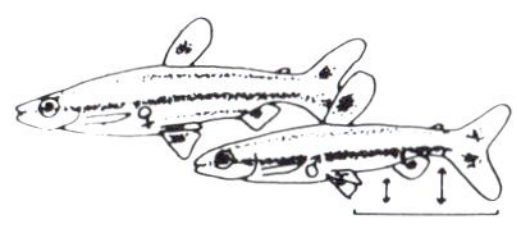

Nannostomus trifasciatus (Laichbeginn – Locken des Weichbens durch das Männchen)

Nannostomus trifasciatus (unmittelbar vor dem Laichakt – das Weibchen wird vom Männchen geführt)

44

es sanft zum Laichsubstrat. Diese Phase erinnert stark an das Verhalten des Spitzmaulziersalmler (*Poecilobrycon eques*). Der Dreibindenziersalmler legt seine Eier auf breit- oder feinblättrigen Pflanzen ab. Die vorteilhafteste Wasserhärte für die Entwicklung der Embryonen liegt zwischen 3 bis 7° dNKH, die Wassertemperatur zwischen 27 bis 28 °C, pH-Wert 6,6 bis 6,8. Die Eier sind ziemlich groß, im Durchschnitt 1,5 mm. In der Eihülle entwickeln sich die Embryonen in 24 Stunden. Zucht und Aufzucht der Jungfische sind sehr anspruchsvoll.

Ovalgefleckter Ziersalmler [45] (*Nannostomus espei*)

Dieser Fisch wurde erst im Jahr 1956 im Rio Mazaruni im südamerikanischen Guayana entdeckt und beschrieben. Der Fisch wird nur 3,5 cm lang. Ein ausgeprägteres Geschlechtsmerkmal stellt die Afterflosse dar. Sie ist beim Männchen lang und löffel-

45

förmig. Jeder Laichakt dauert sehr lange – eine halbe bis eine Minute. Die Aufzucht in der Gefangenschaft gelingt nur vereinzelt. Die Jungfische wachsen ungemein langsam und sind gegen Wasserwechsel sehr empfindlich.

Nigeria-Kopfsteher [46] (*Nannocharax ansorgei*)

Dieser Fisch lebt in langsam fließenden und stehenden Gewässern Nigerias. Das Fischchen wird 4 bis 5 cm lang. Geschlechtsmerkmale sind nicht bekannt. In der Gefangenschaft gedeiht es am besten in schattigen Becken. Es ist der einzige Vertreter der Gattung *Nannocharax*, der Plankton-Nahrung vorzieht. Die übrigen Arten dieser Gattung sind auf Bodenfauna (Tubificidae, Chironomidae) spezialisiert.

46

Einbinden-Augenziersalmler [47]
(*Poecilobrycon* [*Nannobrycon*] *unifasciatus ocellatus*)

Dieser Fisch wurde aus dem Stromgebiet des Amazonas und aus den Süßgewässern Guayanas zum ersten Mal bereits im Jahr 1949 eingeführt. Er ist ein sich wenig bewegender, wunderschöner, eleganter, aber gegenüber seinen Artgenossen kämpferischer und bissiger Characide. Seine Fortpflanzung in der Gefangeschaft ist bereits mehrmals gelungen, doch fehlen nähere Angaben über seine Zucht.

47

Spitzmaulziersalmler [48, 49] (*Poecilobrycon* [*Nannobrycon*] *eques*)

Dieser Fisch ist gleichfalls im Stromgebiet des Amazonas-Mittellaufes und des Rio Negro beheimatet. In der Natur hält er sich in den Ufergewässern in der Nähe vom Pflanzenbewuchs und faulendem Holz auf. Er wird etwa 5 cm lang. Im Aquarium behagt es ihm am besten in Monokulturen. Zwischen anderen Fischarten färbt er sich niemals richtig aus. Er schwimmt in einem Winkel von etwa 45° mit schräg nach oben gerichtetem Kopf. Zum Ablaichen genügt ein 10-Liter-Vollglasaquarium. Das Wasser soll weicher

48

(bis 6° dNKH) und der pH um den Neutralwert (6,5–7,5) sein. Häufig gelingt die Zucht auch in altem Aquariumwasser, wenn es rein ist. Das Geschlecht ist nach der Schlankheit des Männchens klar zu erkennen, das außerdem einen weißen Saum und weiße Spitzen an den Bauchflossen trägt. Als Laichsubstrat genügt eine beliebige breitblättrige Pflanze. Bei jedem Laichakt stößt das Weibchen nur 1 bis 2 Eier aus, die es auf die Unterseite eines Pflanzenblattes klebt. Insgesamt ergibt der Laichvorgang bis 200 Junge. Als Wassertemperatur ist 22–28 °C geeignet. Bei einer Durchschnittstemperatur von 25 °C schlüpfen die Jungfische in 24–36 Stunden und in weiteren 5–6 Tagen schwimmen sie frei. Als Nahrung brauchen sie zuerst nur Lebendfutter. Geschlechtsreif werden sie in 8–10 Monaten. Die Tagesfärbung ist in Bild 48, die Nachtfärbung in Bild 49 dargestellt.

49

Marmorierter Beilbauchfisch [50] (*Carnegiella strigata*)

Dieser Beilbauchfisch besiedelt Waldbäche im Stromgebiet des Amazonas und an verschiedenen Orten Guayanas. Er wird nur 4,5 cm lang. Im Aquarium ist er ein sehr gefräßiger Zögling und wie alle Beilbauchfische auf Anfluginsekten orientiert. Der Fisch nimmt kleine, entweder aus der Natur herbeigeschaffte oder künstlich zu Hause gezüchtete Insekten aller Art an, wie Essigfliegen (*Drosophila melanogaster*), kleine Schaben, Heimchen, vorher getrocknete (auf der Wasseroberfläche schwimmende) Wasserflöhe, Mückenlarven und Rote Mückenlarven. Die Marmorierten Beilbauchfische brauchen genügend Platz zum Schwimmen und sind in der Natur ein Beispiel eines wirklich fliegenden und nicht nur segelnden Fisches. Ihre Brustflossenmuskulatur ist stark entwickelt. Sie vollführen schnelle Bewegungen mit den Brustflossen, schwimmen einen bestimmten Abschnitt nahe der Oberfläche und können über dem Wasser eine Entfernung von 3 bis 5 Meter durchfliegen, was mit Rücksicht auf ihre kleinen Körpermaße eine beachtliche Leistung darstellt.

50

51

Gemeiner Silberbeilbauchfisch [51] (*Gasteropelecus sternicla*)

Dieser Fisch stammt aus dem peruanischen Gebiet des Amazonas sowie aus Guayana und Venezuela. Er ist größer als die vorherbeschriebene Fischart und erreicht eine Länge von etwa 6,5 cm. Im Unterschied zum Marmorierten Beilbauchfisch besitzt er eine Fettflosse. Beilbauchfische sind Schwarmfische. Greift ein Räuber an, dann schwimmen sie nach allen Richtungen auseinander, springen aus dem Wasser und fliegen verschieden weit, so daß der Angreifer den Kontakt mit ihnen verliert. Im Aquarium verlangen sie eine Wassertemperatur von 23–24 °C. Sie lassen sich zusammen mit kleineren friedliebenden Fischarten züchten, die sich hauptsächlich in den unteren Wasserschichten und in Bodennähe aufhalten. Markante sekundäre Geschlechtsmerkmale sind nicht bekannt. Bei diesen transparenten Fischen ist das Weibchen am besten an den Eiern in der Körperhöhle erkenntlich, wenn man es von der Seite gegen das Licht betrachtet. In der Gefangenschaft vermehren sich die Arten der Gattungen *Carnegiella* und *Gasteropelecus*. Nach längerem Imponieren und bewegungsreichen Balztänzen der Männchen bleiben beide Partner, Männchen und Weibchen, in der Nähe von Wasserpflanzen oder des Wurzeldickichts von Schwimmpflanzen nebeneinander ruhig stehen, um die Eier und die Milch abzulegen. Die Jungfische schlüpfen nach etwa 30 Stunden. Ihre Aufzucht ist schwierig.

52

Die goldene Schleierflossenvarietät der **Prachtbarbe** [52] (*Puntius conchonius*) ist ein typisches Beispiel für die genetische Instabilität und Spaltungsbereitschaft einer Fischart sowie den Züchterfleiß und die Geduld der Aquarianer.

Kapitel 2

ZAHNLOS UND DOCH FAST IMMER FLEISCHFRESSEND

Charakteristisch an den Vertretern der zahlreichen Unterordnung Cyprinoidei ist, daß sie keine bezahnten Kiefer besitzen, sondern statt dessen ein bis drei Reihen gut entwickelter Schlundzähne, die auf dem veränderten fünften Kiemenbogen sitzen. Die Fische sind über ein großes Gebiet verbreitet: Europa, Asien, Afrika und Nordamerika, wo sie ausschließlich im Süßwasser leben. Der Form nach sind sie sehr verschieden. Es sind etwa 1500 Arten bekannt, von denen eine Reihe als Speisefische dient. Uns interessieren nur die kleinen, größtenteils tropischen und subtropischen buntgefärbten Arten der Familien der Karpfenfische (Cyprinidae), der Schmerlen oder Dorngrundeln (Cobitidae) und der Algenfresser (Gyrinocheilidae), die sich für die Haltung in Aquarien eignen. Sie ernähren sich von Plankton oder suchen mit Hilfe ihrer Barteln nach Lebendnahrung am Boden. Einige Arten sind Pflanzenfresser.

Goldfisch oder **King-Yo** [53] (*Carassius auratus auratus*)

Dieser Karausche stammt aus China, wo er schon in mehr als 1000 Jahre alten Schriften (970 n. Chr.) erwähnt wird. Im 17. Jh. wurde er nach Portugal eingeführt und verbreitete sich dann allmählich über Frankreich, Holland und schließlich über ganz Europa. Er ist in Form und Farbe sehr variabel. Seine Grundfarbe ist in der Regel messing- bis rotgolden, doch sind auch weiße Formen mit rotem Bauch bzw. solche mit rotem Rücken und evtl. mit schwarzen Flossen bekannt. Der Körper ist gewöhnlich mit Schuppen bedeckt, aber es kommen auch schuppenlose nackte Zuchtformen vor. Dieser anspruchslose Fisch frißt im Aquarium alles Verdaubare, Lebendnahrung wie auch pflanzliche und künstliche Beikost, und eignet sich für Zierteiche und Bassins. In Südeuropa und in den wärmeren Staaten der USA kann er unter freiem Himmel überwintern. Außer in Japan und China befaßt man sich noch in Frankreich intensiv mit sei-

ner Aufzucht, wo künstlicher Besamung der Vorzug gegeben wird. Die Jungfische sind graugrün und färben sich erst im Alter von 8–12 Monaten um. Die ungeheure Vielfalt des Goldfisches wurde zur Züchtung von Fischen häufig sehr grotesker Formen und Ausfärbungen genutzt, wie das Beispiel der Schleierschwänze zeigt.

Schleierschwanz [54] (*Carassius auratus* var. *bicaudatus*)

Der Schleierschwanz ist eine Abart des Goldfisches (*C. auratus auratus*). In mehr als tausendjähriger Tradition gelang es in China, herrliche Schleierschwänze in den verschiedensten Farben, wie z. B. grau, weiß, schwarz, rot, scheckig, und in den verschiedensten Formen: eiförmig ohne Rückenflossen, mit hervortretenden Augen („Himmelgucker", „Kometen", „Löwenköpfe" u. a.) herauszuzüchten. Ihrer Zucht wird größte Sorgfalt gewidmet. Dennoch erreicht man selbst in den besten Zuchten nur einen kleinen Prozentsatz erstklassiger Exemplare, die übrige Nachkommenschaft kehrt sowohl in der Färbung als auch in der Gestalt zur Ausgangsform zurück. Die Schleierschwanzzucht ist somit eine endlose Geduldsprobe.

54

55

Schillerbärbling [55] (*Brachydanio albolineatus*)

Dieser Fisch stammt aus den fließenden Gewässern Hinterindiens und Sumatras und wird etwa 5,5 cm lang. Das Männchen ist viel schlanker als das Weibchen. Die einzelnen Populationen sind in der Natur ihrem Vorkommen nach verschieden gefärbt – vom grünen Grundton über goldig schillernde und violette bis zu blauen Tönen. In den Aquarium-Zuchten herrscht dann diese oder jene Ausfärbung vor. Die Zucht selbst ist einfach. Zum Laichen genügt den Fischen ein kleines, etwa 10-Liter-Vollglasbecken mit einigen Stunden lang abgestandenem Leitungswasser. Am besten entsprich ihnen seichtes Wasser von höchstens 10 cm Tiefe mit einer Temperatur von 24–28 °C. Der Schillerbärbling laicht am liebsten knapp unter der Wasseroberfläche über Pflanzendikkicht (*Fontinalis, Myriophyllum* u. ä.). Das Ablaichen verläuft heftig.

Zum Laichen werden immer mehrere Fische – auf ein Weibchen 2 bis 3 Männchen – genommen, damit das Weibchen vollständig ablaicht. Die überreifen Eier verstopfen nämlich die Urogenitalöffnung, das Weibchen „erhärtet" und ist gewöhnlich nicht mehr zuchtfähig. Die Zuchtfische müssen nach dem Ablaichen aus dem Aquarium entfernt werden, da sie die Eier auffressen würden. Die Jungfische schlüpfen bei einer Durchschnittstemperatur von 26 °C erst nach drei Tagen aus den Eiern, dann hängen sie an den Pflanzen und an den Aquariumglasscheiben und schwimmen erst nach 5 bis 6 Tagen frei.

Inselbärbling [56] (*Brachydanio kerri*)

Dieser Fisch stammt von den thailändischen Inseln Koh Yao und Koh Noi und wird etwa 4 cm lang. In der Laichzeit färbt sich sein Körper bläulich, seine Flossen gelblich. Am Oberkiefer trägt er zwei kurze, in den Mundwinkeln zwei lange Barteln. Die Seitenlinie fehlt. Die Aufzucht ist die gleiche wie bei *B. albolineatus*.

56

Zebrabärbling [57, 58, 59] (*Brachydanio rerio*)

Dieser Bärbling ist im östlichen Teil Vorderindiens beheimatet und erreicht eine Länge von 4,5 cm. Für die Zucht in der Gefangenschaft genügt 24 °C warmes Wasser. Einige

57

58

Weibchen sind oft einem bestimmten Männchen „treu“, mit dem sie am besten laichen. Im Winter kann der Zebrabärbling in ungeheizten Aquarien bei bis auf 16 °C abfallender Wassertemperatur gehalten werden. Die Zucht ist ähnlich wie die des Schillerbärblings, nur findet das Ablaichen gewöhnlich in Bodennähe statt. Bei Züchtern beliebt sind die im Aquarium entstandene Schleierflossenmutante (57) und eine Schleierflossenform des Leoparddanio (*Brachydanio frankei*) (58).

59

Tüpfelbärbling [60] (*Brachydanio nigrofasciatus*)

Dieser Fisch stammt aus den Flüssen und Teichen Burmas und wird etwa 4 cm lang. Zum Laichen in der Gefangenschaft dienen ganz kleine Vollglasbecken. Der Tüpfelbärbling ist wärmeliebend und laicht bei 26–28 °C in verschiedenen Wasserschichten in feinfiedrigem Pflanzengewirr. Seine Zuchtbehälter sollen deshalb höherwandig sein. Ein Ablaichen ergibt etwa 60 Eier, von denen jedoch 2/3 umbefruchtet sind. Deshalb ist es günstiger, diesen Fisch im Schwarm zum Laichen anzusetzen und das Zuchtgefäß zu verdunkeln, damit die Fische während des Ablaichens nicht die auf dem Boden liegenden Eier glänzen sehen und sie verspeisen wollen, oder unter den Pflanzen einen dichten Kunststoffrost anzubringen, durch den die Eier durchfallen und vor den Eltern geschützt sind. Die Aufzucht der Jungfische ist ähnlich wie die des Schillerbärblings, nur ist dieser Fisch wenig produktiv.

Während *Brachydanio rerio* zwei Bartelpaare besitzt, hat *B. nigrofasciatus* nur ein Bartelpaar. Auch die Färbung ist stark unterschiedlich. Der Rücken von *B. nigrofasciatus* ist hellolivbraun, sein Bauch gelblichweiß. Vom oberen Teil der Kiemendeckel ziehen sich längs des Körpers bis in die Mittelstrahlen der Schwanzflosse zwei blauschwarze Streifen, von denen der obere schmäler und der untere breiter ist. Darunter befinden sich zahlreiche blaue Flecken. Die Rückenflosse sowie die After- und die

60

Schwanzflosse sind gelb. In der Afterflosse bilden die blauen Punkte Längsreihen. Der Außenrand der Flosse ist gelb. Die Bauchflossen des Weibchens sind gelblichweiß und die des schlankeren Männchens in der Laichzeit orangefarben. Die Bestimmung des Geschlechts der Fische bereitet keine Schwierigkeiten. Auf dem Bild ist das Männchen unten.

61

Ceylonbärbling [61, 62, 63] (*Danio aequipinnatus*)

Dieser Fisch lebt in reinen, fließenden Gewässern endemisch auf Sri Lanka. In der Natur erreicht er eine Länge von bis 15 cm. In der Gefangenschaft sind jedoch gewöhnlich 6–7 cm große Exemplare schon zuchtfähig. Dieser lebhafte Fisch hält sich den größten Teil seines Lebens in Oberflächennähe auf. Im Schwarm schwimmen die Leitmännchen in der Mitte. Sie sind auffallend gefärbt und schwimmen in waagerechter Lage. Die schwächeren Tiere halten sich am Rand des Schwarmes auf und sind etwas schräg mit dem Kopf nach oben gerichtet. Ihre Färbung ist blasser und heller. Wenn man die kräftigen Leitfische abfängt, setzen sich an ihre Stelle sofort die nächstkräftigsten des Schwarmes. Zucht und Aufzucht sind ähnlich denen der vorgenannten Arten, doch müssen mit Rücksicht auf die Größe der Fische größere und vor allem

62

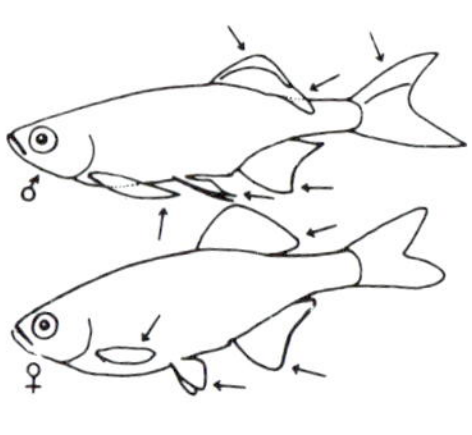

Danio aequipinnatus

lange Becken gewählt werden, damit die Fische genügend Bewegungsfreiheit haben.

Das Ablaichen verläuft heftig, ja stürmisch. Nach jedem Laichakt fällt ein Eierwölkchen zu Boden. Die Jungfische sind schon von Anfang an gefräßig und nehmen außer Lebendnahrung auch Kunst- oder Ersatzfutter an, wie z. B. einen Brei aus hartgekochtem Eidotter und etwas Wasser. Bei genügender Fütterung wachsen sie schnell. Häufiges Reinigen des Zuchtbeckens und Nachfüllen der abgesaugten Wassermenge behagt ihnen.

63

Glühkohlenbarbe [64] (*Barbodes fasciatus*)

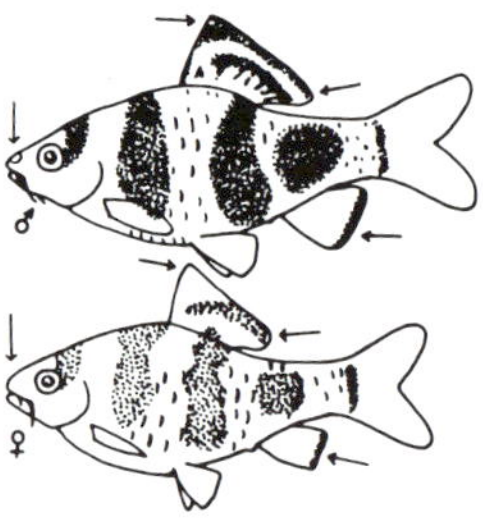

Barbodes fasciatus

Dieser Fisch stammt aus Südost-Vorderindien und von den Inseln Sumatra und Borneo. Voll erwachsene Männchen erreichen eine Länge von 10 bis 12 cm. Die Grundfärbung ist weinrot bis violett mit unregelmäßigen Flecken, deren Form zwar stark variiert, die aber zu fünf Hauptstreifen verschmelzen. Etwa 3 Wochen alte Jungfische haben nur drei Querstreifen. Zucht und Aufzucht dieser Art sind schwierig. Die Zuchtfische sind sehr räuberisch, häufig tötet das Männchen sogar das Weibchen. Die gelegten Eier sind stark klebend – ein Laichrost ist somit nicht zu benutzen – und werden von den Elterntieren mit Ap-

64

petit verspeist. Bezüglich der Wasserzusammensetzung sind die Fische sehr anspruchsvoll. Eier und Jungfische entwickeln sich nur in weichem Wasser von 2–3° dNKH, das chemisch und biologisch einwandfrei ist. Die heranwachsenden Jungfische müssen, besonders was die Karbonathärte anbelangt, sehr langsam an härteres Wasser gewöhnt werden. Erwachsene Fische sind dagegen allgemein anspruchslos und in einem gut bepflanzten Aquarium recht langlebig.

65

Fünfgürtelbarbe [65] (*Barbodes pentazona pentazona*)

Die Fünfgürtelbarbe ist auf der Malaiischen Halbinsel, in Singapur, auf Kalimantan und auf Sumatra beheimatet. Sie wird etwa 5 cm lang. Als Aquariumszögling ist sie ganz anspruchslos. In der Laichzeit sind die Weibchen weit umfangreicher als die Männchen. Ihre Grundfarbe ist gelb bis orange. Die Flossen der Männchen sind ausgesprochen rot. Ein Weibchen legt auf einmal 300–400 ziemlich große Eier ab. Die stattlichen Jungfische schlüpfen bei einer Wassertemperatur von 26 °C nach 26–30 Stunden. Nach weiteren sechs Tagen schwimmen sie frei und jagen kleine Lebendnahrung. Die Haltung ist einfach, denn die Jungfische wachsen anfangs schnell. Nach zwei bis drei Monaten verlangsamt sich jedoch das Wachstum und hört schließlich auf. Die Fische werden erst im Alter von 10 bis 12 Monaten geschlechtsreif.

Tigerbarbe [66] (*Barbodes barilioides*)

Dieser Fisch stammt aus Südafrika, Sambia und Katanga. Das Weibchen ist größer als das Männchen und wird 6 cm lang. Dieser gefräßige Fisch mit stark in die Länge gezogenem Körper ist im Aquarium dauernd scheu. Er hält sich in Bodennähe, öfters in den mittleren Wasserschichten auf. Wenn er nicht gestört wird, ist er munter und durchschwimmt gern schnell das ganze Becken. Gegenüber den übrigen Bewohnern verhält er sich verträglich. Zur Züchtung genügt ein Vollglasaquarium von etwa 10 Liter Fassungsvermögen. Das Wasser muß weich sein, um 3° dGH. Als Laichsubstrat sagt ihm das Tausendblatt (*Myriophyllum*) oder Quellmoos (*Fontinalis*) zu. Die erforderliche Wassertemperatur ist 24 bis 26 °C, pH-Wert = 7,0. Ein Ablaichen erbringt bis 250 Eier. Die Jungfische schlüpfen bei 25 °C schon nach 24 Stunden; drei Tage später schwimmen sie frei und fressen von Anfang an *Cyclops*-Nauplien. Nach drei Wochen sind die Fischchen schon 18–20 mm lang und haben an beiden Körperseiten zwei ganz schmale, schwarze Querstreifen. Das Geschlecht läßt sich mit Sicherheit ab einen Alter von vier Monaten feststellen. Die Männchen bleiben kleiner und sind sehr schlank.

66

Schwanzbandbarbe [67] (*Barbodes lateristriga*)

Die Schwarzbandbarbe ist ein lebhafter Schwarmfisch aus den Gewässern der Malaiischen Halbinsel, der Umgebung von Singapur sowie der Großen und der Kleinen Sundainseln. Sie wird ungefähr 20 cm lang.

Das Weibchen ist weit umfangreicher in der Bauchpartie, das Männchen schlank und seine Rückenflosse ist an der Basis sattrot gefärbt. Dieser schöne, friedliebende, allerdings ziemlich große Fisch ist sehr produktiv. Das Zuchtbecken sollte mit robusten Wasserpflanzen besetzt sein, denn die Fische, die sich den größten Teil ihres Lebens in Bodennähe aufhalten, suchen dauernd etwas und kauen an allem herum. Zartere Pflanzen werden also ständig beschädigt.

67

68

Sumatrabarbe [68, 69, 70] (*Capoeta tetrazona*)

Die Sumatrabarbe lebt in stehenden und langsam fließenden Süßgewässern auf Sumatra und Kalimantan. Sie wird ungefähr 7 cm lang und ist ein lebhafter Schwarmfisch, der in der Gefangenschaft weiches, gut filtriertes, kristallklares Wasser erfordert. Die Sumatrabarbe kann nicht zusammen mit ruhigen Fischen gehalten werden. Die ihr zusagende Wassertemperatur liegt im Bereich von 20–26 °C. Für die Zucht eignen sich größere Vollglasbecken, denn das Männchen verfolgt seine Gefährtin dann nicht so „wild". Auch niedrigere Temperaturen zwischen 21 und 23 °C sind für einen ruhigeren Verlauf des Ablaichens von Bedeutung. Zum Laichen darf das Wasser nicht härter als 3–5° dNKH sein, die Karbonathärte muß unter 1° dKH liegen. Der Zusatz einer kleineren Torfextraktmenge ist wärmstens zu empfehlen. Ein Ablaichen ergibt 600–700 große gelbliche Eier, aus denen die Jungfische bei einer Durchschnittstemperatur von 24°C nach 36 Stunden schlüpfen. Nach fünf Tagen schwimmen die Jungfische frei. Sie sind kräftig, nehmen Staubfutter an und wachsen schnell. In den letzten Jahren wurden von der ursprünglichen Form verschiedene Mutanten gezüchtet, vor allem gelbgefärbte (xanthoristische) Formen mit schwarzen Augen, weiter Albinos (69) mit rotem Bauch, sog. „Hong-Kong", und moosgrün glänzende Exemplare (Moosgrünbarbe) mit verschmolzenen Querstreifen auf schwarzem, von grünem Schimmer bedecktem Untergrund. Die angeführten Zuchtformen sind sehr empfindlich.

69

70

Brokatbarbe [71] (*Capoeta „schuberti"*)

Die Brokatbarbe ist in der freien Natur unbekannt. Morphologisch-anatomisch gleicht sie ganz der Messingbarbe. Deshalb handelt es sich zweifellos um ihre xanthoristische Zuchtform. Es sind verschiedene Übergangsformen bekannt: von fleckigen Exemplaren bis zu rein goldenen, albinotische mit roten Augen und schließlich ungewöhnliche Albinos mit schwarzen Flossen. Im Aquarium ist dieser Fisch eine attraktive Erscheinung, nicht nur wegen der goldglitzernden Färbung vor dem grünen Hintergrund der Pflanzen, sondern auch wegen seiner Lebhaftigkeit. Die Brokatbarbe ist kleiner als ihre Ausgangsform, die Messingbarbe. Die Wassertemperatur sollte nicht unter 20 °C sinken.

71

Sonnenfleckbarbe [72] (*Puntius ticto stoliczkanus*)

Dieser Fisch lebt im Flußgebiet des Irawadi-Unterlaufes in Burma. Er wird etwa 6 cm lang und verträgt Temperaturschwankungen zwischen 18 bis 25 °C. Die Männchen sind wunderschön gefärbt. Bei einer Wassertemperatur zwischen 24 und 26 °C schlüpfen die Jungfische nach 24–30 Stunden. Die Aufzucht der Brut mit lebender Staubnahrung ist problemlos. Die erwachsenen Fische sind in Aquarien mit starkem Pflanzenbewuchs ruhiger und kräftiger ausgefärbt. Die Ansprüche bezüglich Wasserzusammensetzung sind minimal. Die Männchen nehmen häufig zueinander Imponierstellungen ein, wobei die prächtige Färbung ihrer Rückenflossen besonders gut zur Geltung kommt.

73

Linienbarbe [73, 74, 75] (*Puntius lineatus*)

Die Linienbarbe kommt aus den Gewässern um die Malaiische Halbinsel. Das Weibchen ist größer als das Männchen und erreicht in der Natur eine Länge bis 12 cm. Im Aquarium wird sie nur ungefähr 6 cm lang. Ihre Grundfarbe ist ein silbriges, zartes Gelb. Der Körper ist langgestreckt, die Seiten zieren 4–6 dunkelblaue bis blauschwarze Längs-

74

75

streifen. Die Weibchen sind schwächer ausgefärbt. Dieser Fisch wird in Aquarien fast gar nicht gehalten, obgleich er sehr fruchtbar ist und sich verhältnismäßig leicht vermehrt. Wegen seiner Beweglichkeit und Friedlichkeit gegenüber den anderen Fischen eignet er sich ausgezeichnet für Gesellschaftsbecken. In zu weichem oder altem Wasser mit hohem Nitrit-Gehalt gehen diese Barben an infektiöser Bauchwassersucht ein.

76

Schwarzfleckbarbe [76] (*Puntius filamentosus*)

Die Schwarzfleckbarbe stammt aus dem westlichen Teil Südindiens, wo sie bis 15 cm lang wird. In der Gefangenschaft ist sie gewöhnlich kleiner und nur bis 10 cm lang. Die Männchen sind kleiner als die Weibchen und besitzen fadenartig langgezogene Rükkenflossenstrahlen. In großen Behältern bereitet ihre Zucht keine Schwierigkeiten. Diese Fische laichen häufig direkt im Schwarm, z. B. auch in Ausstellungsbecken vor den Augen der Besucher. Die Jungen sind anders gefärbt als die erwachsenen Fische. An den Körperseiten tragen sie zwei tiefschwarze Querstreifen. Ein dritter, schmälerer befindet sich an der Schwanzflossenwurzel, ein vierter schwach angedeuteter auf dem Hinterkopf. Die Flossen der Jungen sind orange- bis ziegelrot.

77

Bei halbwüchsigen Exemplaren ist die Schwanzflosse rötlich und trägt einen Fleck auf jedem Lappen, der in eine weiße Spitze ausläuft. Häufig verwechseln Aquarianer diese bartellose Barbe mit einer anderen Art, mit *Capoeta mahecola*, die praktisch gleichgefärbt ist. Von *P. filamentosus* unterscheidet sie sich durch ein Bartelpaar in den Mundwinkeln. Die Schwarzfleckbarbe verträgt Temperaturschwankungen zwischen 17 und 25 °C.

Odessa-Barbe [77] (*Puntius* sp.)

Die Odessa-Barbe gelangte 1972 aus der Sowjetunion nach Europa, wo sie offensichtlich auch zum ersten Mal vermehrt wurde. Ihre Heimat ist unbekannt. Sie erschien zum ersten Mal 1971 auf dem Fischmarkt von Odessa – daher ihr Name. Durch gründliche Studien wurde festgestellt, daß sie ein naher Verwandter der Indischen Barbe (*P. ticto*) ist. In der Gefangenschaft vermehrt sie sich willig. Leider zeigt sich die wunderschöne Rotfärbung der Männchen verhältnismäßig spät – erst im Alter von 10 bis 12 Monaten. Eier und Embryonen benötigen für ihre Entwicklung ziemlich weiches Wasser bis 7° dGH mit einer Temperatur von 25 bis 26 °C.

78

Purpurkopfbarbe [78] (*Puntius nigrofasciatus*)

Die Purpurkopfbarbe stammt aus seichten, langsam fließenden Gewässern im Süden von Sri Lanka und wird 6 cm lang. Es ist ein Fisch für Anfänger, denn er verträgt im Winter Zimmertemperaturen von 14 bis 16 °C. Bei niedriger Wassertemperatur überwinterte Fische laichen im Frühjahr bereits bei einer Wärme zwischen 18 bis 22 °C und sind sehr fruchtbar. Wenn sie, wie häufig in der Literatur empfohlen wird, dauernd in beheizten Aquarien in 20 bis 28°C warmem Wasser gehalten werden, zeigen sie sich niemals in ihrer einzigartigen Ausfärbung; sie laichen dann aber vor allem schlecht ab. In der Laichzeit ist die vordere Körperhälfte des Männchens einschließlich des Kopfes wunderschön purpurrot, die hintere Hälfte samtschwarz mit grünem Schimmer. Die Fische laichen am besten in der Morgensonne in einem großen Aquarium mit Sandboden und normalem Pflanzenbewuchs ab. Die Wasserzusammensetzung ist von untergeordneter Bedeutung. Die erwachsenen Fische sind Allesfresser.

79

Keilfleckbärbling [79] (*Rasbora heteromorpha*)

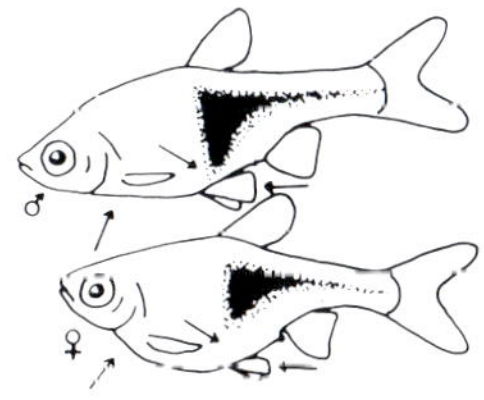

Rasbora heteromorpha

Der Keilfleckbärbling ist auf der Malaiischen Halbinsel, in Thailand und auf Ostsumatra beheimatet. Er erreicht eine Länge von etwa 4,5 cm. In Europa zählt er zu den beliebtesten, in Gesellschaftsbecken gehaltenen Schwarmfischen. Das schlankere Männchen hat den unteren Ausläufer des keilförmigen dunklen Flecks in der Schwanzpartie vorn bis zur Bauchflossenbasis durchgezogen (siehe Zeichnung). Zum Ablaichen genügt ein 10 Liter fassendes Vollglasaquarium. Optimale Wasserhärte 3–5° dNKH und 0–1° dKH. Wenn die Gesamthärte höher als 6° ist, wächst die Mortalität der Embryonen während der Entwicklung sehr schnell an. Die natürliche Mortalität von der Befruchtung des Eies bis zum Freischwimmen - beträgt ungefähr 10%. Am günstigsten ist ein neutraler pH-Wert. Der Zusatz einer kleineren Menge Torfextrakt ist günstig. Die Wassertemperatur sollte zwischen 26 und 28 °C liegen.

Der Keilfleckbärbling laicht gewöhnlich paarweise. Das Zuchtpaar wendet den Bauch nach oben und das Weibchen klebt die Eier an die Unterseite größerer, fester Wasserpflanzenblätter (*Cryptocoryne, Ludwigia* u. ä.). Dann kümmern sich die Eltern nicht mehr um die Eier. Nach dem Ablaichen muß das Zuchtpaar entfernt werden. Die Jungfische schlüpfen aus den großen Eiern nach 24 bis 28 Stunden. Nach fünf Tagen schwimmen sie frei.

80

Perlmutterbärbling [80] (*Rasbora vaterifloris*)

Dieser Fisch stammt aus Sri Lanka und erreicht eine Länge von etwa 4 cm. Das Männchen ist größer und seine Flossen sind mächtiger. Die Fischchen schillern in Perlmutter- und Regenbogenfarben. Zucht und Aufzucht sind ähnlich wie bei dem Keilfleckbärbling, doch zieht der Perlmutterbärbling beim Laichen feinblättrige Pflanzen vor.

Kardinalfisch [81] (*Tanichthys albonubes*)

Der Kardinalfisch ist ein beliebter Aquariumfisch für Anfänger. Er stammt aus den Weißen Wolkenbergen bei Kanton sowie aus der Umgebung von Hongkong und wird ungefähr 4 cm lang. In der Natur variiert seine Farbe stark. Überwinterung im Aquarium ist bis zu einer Temperatur von 5 °C möglich, wenn der Fisch allmählich daran gewöhnt wird. Beim Ablaichen muß die Wassertemperatur mindestens 20–22 °C betragen. Von der Wasserzusammensetzung ist dieser Allesfresser nur wenig abhängig. Er laicht in dichtem Pflanzengewirr. Viele Paare fressen weder Eier noch die ausgeschlüpften Jungfische, so daß diese zusammen mit den Eltern aufgezogen werden können. Die Jungen schlüpfen bei 22 bis 24 °C nach 48–56 Stunden, hängen 3–4 Tage an den Pflanzen und schwimmen dann frei. Zuerst leben sie im Schwarm unter der Wasseroberfläche. Gefüttert wird am besten mit fein zerriebenem Trockenfutter, das sie gern von der Wasseroberfläche sammeln, oder mit feinster Staubnahrung, wie z.B. Rotatorien. Erst nach 10 Tagen nehmen sie *Cyclops*- und *Artemia*-Nauplien. Außer normalgefärbten Exemplaren werden im Aquarium auch goldrückige und schleierflossige Mutanten gehalten (81).

81

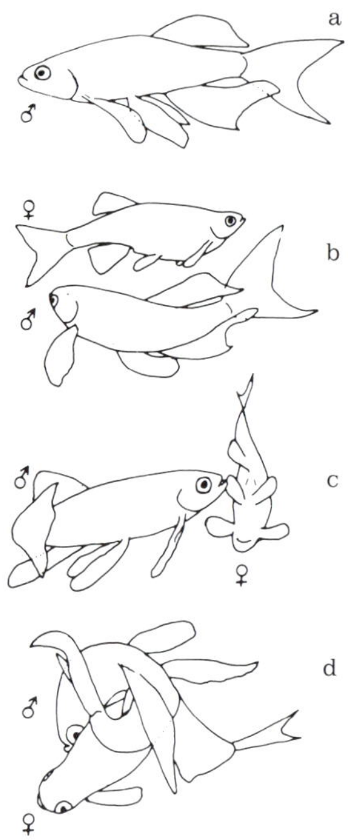

Sekundäre Geschlechtsmerkmale der schleierflossigen goldrückigen Zuchtform *Tanichthys albonubes*: Das Männchen (a) imponiert mit gespreizten Flossen (b) und berührt die Seiten des Weibchens mit dem Maul (c). – Der eigentliche Laichakt (d).

82

Schönflossenbarbe [82] (*Epalzeorhynchus kallopterus*)

Die Schönflossenbarbe lebt auf Sumatra und Kalimantan – allerdings nur in geringerer Zahl – und erreicht eine Länge von 14 cm (im Aquarium von 10 cm). Sie gehört zur selbständigen Unterfamilie der Saugbarben Garrinae, deren Vertreter einen Saugmund besitzen. Die meisten Vertreter dieser Fischgruppe zeigen eine torpedoartige Körperform. Die Kieferränder sind scharf und zum Abweiden der Algenanwüchse und anderer Pflanzennahrung angepaßt. Viele Arten lassen sich im Aquarium bei einer Wassertemperatur von 22–26 °C leicht halten. Die Schönflossenbarbe braucht ein größeres Becken, ist aber bezüglich Wasserzusammensetzung und Ausstattung des Aquariums anspruchslos. Sie raspelt in kurzer Zeit die an den Glasscheiben, Steinen und Pflanzen angewachsenen Algen ab und sammelt aus dem Sandbodengrund alles Verdauliche. Außer Pflanzen frißt sie auch Lebendnahrung aller Art. In der Ruhezeit liegt sie am Boden, auf Steinen, Wurzeln oder breiten Pflanzenblättern. Sie ist ein Einzelgänger und vertreibt alle übrigen Fische aus ihrem Territorium, ohne ihnen jedoch etwas zuleide zu tun. In ihrer Heimat zählt sie zu den Konsumfischen. Im Aquarium ist sie ein widestandsfähiger Zögling, über dessen Fortpflanzung in der Gefangenschaft jedoch nichts bekannt ist.

Grünflossen-Rüsselbarbe [83] (*Epalzeorhynchus siamensis*)

Diese Grünflossen-Rüsselbarbe stammt aus Thailand aus dem Flußgebiet des Tadi-Oberlaufes und von der Malaiischen Halbinsel und wird 14 cm lang. Die Aquarianer sind leider immer noch auf Importe angewiesen, denn es sind weder die Geschlechtsunterschiede noch die Art der Fortpflanzung bekannt. Die Haltung im Aquarium ist ähnlich wie bei der vorhererwähnten Art.

83

84

Haibarbe [84] (*Balantiocheilus melanopterus*)

Die Haibarbe ist in Thailand, Kalimantan (Borneo) und Sumatra beheimatet, wo dieser Fisch Kanäle und fließende Gewässer aller Art bewohnt. In der Natur erreicht er eine Länge bis 35 cm. Nach Meinken ist das Weibchen schon von 15 cm an in der Bauchpartie deutlich umfangreicher. Für die Zuchtaquarien eignen sich nur kleinere, junge Exemplare; die erwachsenen Fische werden als Farbtupfen in öffentliche Schaubecken eingesetzt. Dieser widerstandsfähige Fisch ist ein Allesfresser, schwimmt schnell und springt gut. Immer sucht er mit dem Kopf knapp über dem Boden unter den Steinen nach Nahrung oder wühlt im Sand. Bei einseitiger, ausschließlich tierischer Ernährung kränkelt er nach einiger Zeit. Deshalb muß seine Speisekarte wenigstens gelegentlich durch pflanzliche Nahrung ergänzt werden. Über seine Vermehrung ist nichts bekannt. Als optimale Temperatur betrachtet man 23–26 °C. Die Haibarbe meldet sich gelegentlich mit kurzen, aber scharfen Lauten. In Gesellschaft mit Vertretern der Gattung *Labeo*, mit denen er eng verwandt ist, fühlt sich der Fisch sehr wohl.

85

Feuerschwanz-Fransenlipper [85] (*Labeo bicolor*)

Dieser Fisch lebt in den Bächen Thailands und erreicht eine Länge von etwa 12 cm. Der unterständige, von zwei Bartelpaaren umgebene Mund, dessen scharfe Lippen mit warzenartigen Gebilden bedeckt sind, bildet ein Saugorgan. Das Männchen ist schlanker als das Weibchen. Der Fisch fühlt sich am wohlsten in weichem, über einer Torfschicht filtriertem Wasser (24–27 °C), dem häufig frisches Wasser zugesetzt wird. Das Aquarium muß schattig stehen, gut mit Pflanzen besetzt sein, mit vielen Verstecken unter Steinen, Wurzeln usw. Obgleich der Fisch ein Allesfresser ist, sind für ihn Algenanwüchse und Salatblätter ausgewählte Leckerbissen. Wegen seiner Unverträglichkeit muß er in großen Becken gehalten werden. Das kräftigste Exemplar verteidigt häufig das ganze, sogar bis 2 m lange Aquarium als sein Revier und verfolgt schwächere Fische brutal. Die heftigen Scharmützel können zwar durch Herabsetzung der Wassertemperatur auf 21 °C verhindert werden, doch geschieht dies auf Kosten der Gesundheit der Fische, die sich nicht wohl fühlen und kränkeln. Das Ablaichen wurde in der Gefangenschaft mehrfach beobachtet, doch fehlt eine genaue Beschreibung des Paarungsspiels und Fortpflanzungverhaltens.

Grüner Fransenlipper [86] (*Labeo frenatus*)

Dieser Fisch stammt aus Nordthailand und wird ungefähr 8 cm lang. Seine Grundfärbung ist graugrün bis braungrün, auf dem Bauch bronzefarben bis weiß. Bei den Männchen ist nach einigen Autoren die Afterflosse schwarz gesäumt. Die Fische sind für das Aquarium sehr nützlich, denn sie fressen den Algenbewuchs auf Glasscheiben sowie Wasserpflanzenblätter bis auf die letzten Reste ab. Dabei sind sie weit verträglicher als der Feuerschwanz-Fransenlipper. Sie verbergen sich gern, z.B. in auf die Seite gekippten Blumentöpfen oder in Kokosnußschalenhälften.

Der Grüne Fransenlipper laicht im Aquarium erfolgreich ab. Er zieht lange Becken mit stark strömendem Wasser vor. Das Ablaichen eines Paares ergibt etwa 2000–4000 Eier, die nach der Befruchtung und nach dem Aufquellen etwa 3 mm groß sind. Die Jungfische sind robust und nehmen nach dem Freischwimmen *Artemia*-Nauplien an. Ihre Aufzucht ist einfach, doch muß auf Sauberkeit, gute Zirkulation und gründliche Sauerstoffanreicherung des Wassers geachtet werden.

Nahe verwandt der Gattung *Labeo* ist die Gattung *Morulius*. Am häufigsten wird der Schwarze Fransenlipper (*Morulius chrysophekadion*) mit großer, gut entwickelter Rükkenflosse gehalten. Der Fisch stammt aus Thailand und von den großen Sundainseln, wo er bis 60 cm lang wird. Auch in der Gefangenschaft wächst er schnell. Da er ständig hungrig ist, sucht er den Boden immer nach etwas Eßbarem ab. Er ist mit jeder Nahrungsart zufrieden. In Schaubecken zieht er die Aufmerksamkeit nicht nur wegen seines Aussehens auf sich, sondern auch wegen seiner Fähigkeit, von den Aquariumglasscheiben Algenbewuchsspuren wegzuraspeln.

86

Gemeiner Algenfresser [87, 88] (*Gyrinocheilus kaznakovi*)

Dieser Algenfresser ist in Thailand verbreitet und wird ungefähr 30 cm lang. Er gehört in eine mit den Karpfenfischen eng verwandte Familie Gyrinocheilidae, die nur eine Gattung mit drei bisher beschriebenen Arten umfaßt. Es fehlen die Gaumenzähne, an beiden Seiten des Kopfes sind oberhalb der Kiemenspalten zwei Kiemenlöcher ausgebildet. Auch lange Zeit mit dem Mund festgesaugte Fische können also gut atmen. Sie saugen das Wasser nicht mit dem Mund an, sondern durch eine Öffnung beim oberen Rand des Kiemendeckels und lassen es durch eine Öffnung unterhalb des unteren Randes wieder herausfließen (siehe Zeichnung). Je größer der Fisch, um so schöner ist seine Ausfärbung. Der Gemeine Algenfresser besitzt einen unterständigen Mund mit breiten, als Saugorgan ausgebildeten Lippen. An den Lippen befinden sich hornige Leisten, mit denen der Fisch nicht nur die Wasserpflanzenblattoberfläche, sondern auch die gesamte Aquariumsausstattung erfolgreich von Algen säubert. Die Fische ernähren sich jedoch nicht ausschließlich von Algen, sondern fressen auch mit großem Appetit Lebendnahrung, d.h. *Tubifex*-Würmer, Trocken- und Kunstfutter, aber auch abgestorbenes, auf dem Boden liegendes Plankton. Größere Exemplare sind in der Regel für die übrigen Aquarienbewohner gefährlich, denn sie saugen sich auch an den Fischen fest, beschädigen und verletzen ihre Haut und können sie dadurch tödlich verletzen. Umfangreiche Hautverletzungen können nämlich sekundär stark verpilzen oder den Eintrittsgang für lebensgefährliche Bakterien darstellen. Junge Exemplare

87

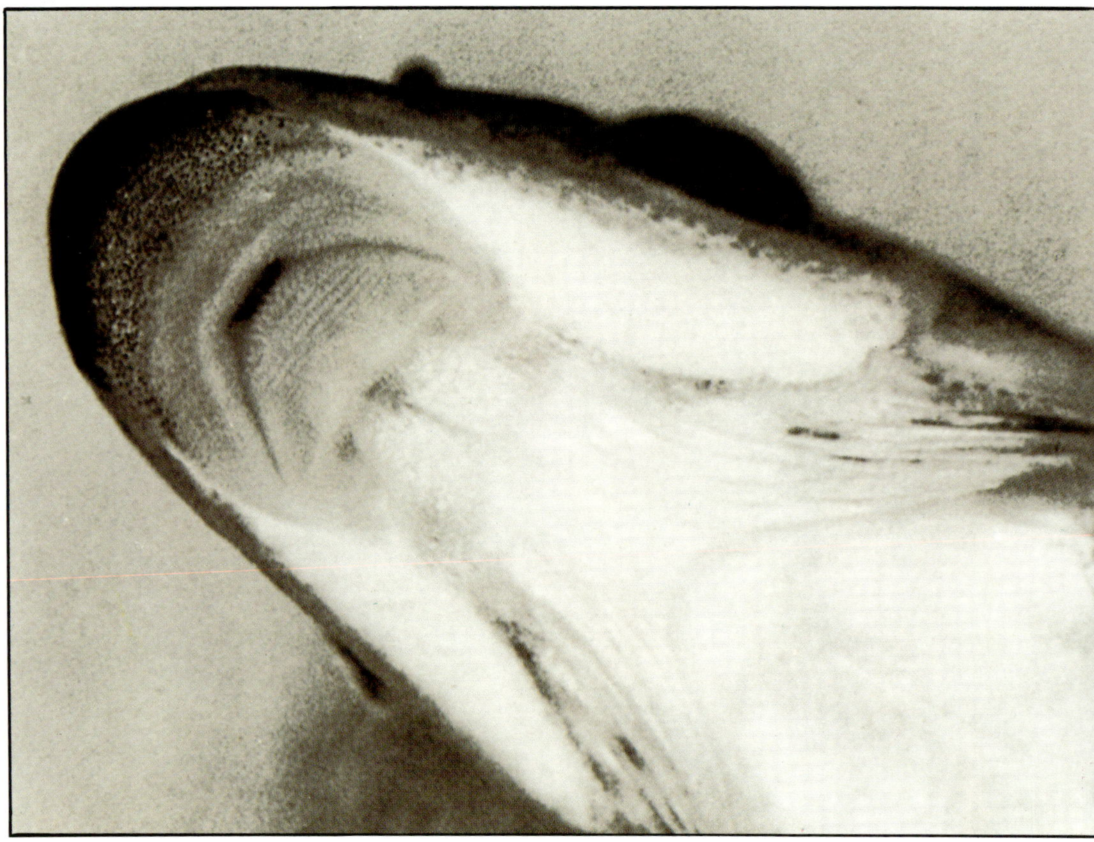

88

sind im allgemeinen friedliebend und anspruchslos, halberwachsene bzw. erwachsene sind untereinander unverträglich und angriffslustig. Über die Fortpflanzung des Gemeinen Algenfressers ist weder in der Natur noch in der Gefangenschaft etwas bekannt. Die Fische werden jedoch häufig eingeführt und von Aquarianern ständig gefragt und gewünscht.

Nach Europa wurde jahrelang *Gyrinocheilus kaznakovi* als *Gyrinocheilus aymonieri* importiert. Beide Arten unterscheiden sich voneinander auf den ersten Blick durch den Innenausschnitt der Oberlippe. Während bei *G. kaznakovi* die Oberlippe in der Untersicht hufeisenförmig (abgerundet) durchgebogen ist (siehe Abb. 87), ist sie bei *G. aymonieri* in der Mitte nach vorn hin zugespitzt und bildet ein umgekehrtes „V". Außerdem ist die Oberlippe von *G. aymonieri* viel stärker entwickelt und fleischiger, wie geschwollen. Daß es nur die Art *G. kaznakovi* ist, die im Aquarium gehalten wird, zeigen auch die Literaturangaben über die Flossenstrahlen und die Schuppenzahl in der Seitenlinie sowie die Morphologie des Kiemenapparates, der aus Stäbchen (sogen. Kiemenreusen) an der Vorderseite der Kiemenbögen besteht.

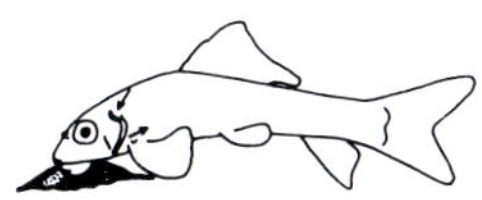

Gyrinocheilus kaznakovi (Atmung bei an die Unterlage angesaugtem Mund)

89

Prachtschmerle [89] (*Botia macracantha*)

Die Prachtschmerle aus Sumatra und Kalimantan (Borneo) bewohnt fließende und stehende Gewässer aller Art. Sie wird etwa 30 cm lang, in der Gefangenschaft erreicht sie aber höchstens 15 cm. Dieser Fisch ist der am schönsten ausgefärbte Vertreter der ganzen Familie. Bei dem kleineren, schlankeren Männchen sind die Farben satter und besonders die Flossen blutrot. Die Prachtschmerle benötigt ein gut bepflanztes Bekken, einen weichen Sandboden und kristallklares, nicht zu hartes, sauerstoffreiches Wasser.

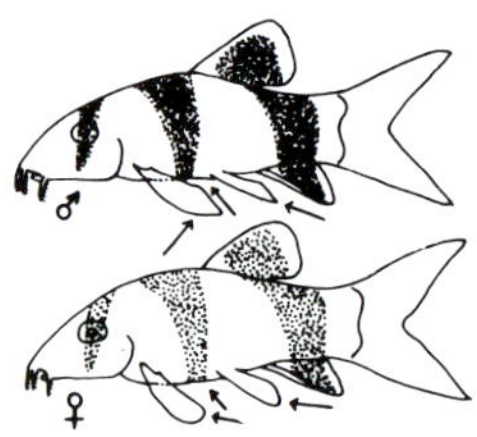

Botia macracantha

Zebraschmerle [90] (*Botia striata*)

Dieser Fisch stammt aus Thailand, wird nur 5 cm lang und gehört in die Familie der Schmerlen (Cobitidae), deren Vertreter über ganz Eurasien, von Spanien bis zum Stillen Ozean, verbreitet sind. Von den Aquarianern werden hauptsächlich Vertreter der Gattung *Acanthophthalmus* und *Botia* gehalten. Während einige *Acanthophthalmus*-

Vertreter sich schon im Aquarium erfolgreich vermehren, widerstehen *Botia*-Arten hartnäckig und pflanzen sich in der Gefangenschaft nicht fort. Die Zebraschmerle erfordert ein großes Becken mit einem Bodengrund aus feinem, reingewaschenem Sand und sauerstoffreiches Wasser. Der Fisch verbirgt sich gern und lebt im Schwarm. In kleiner Zahl gehalten, ist er scheu und räuberisch.

90

Kapitel 3

DIE RITTER DES BODENGRUNDES

Der südamerikanische **Knurrende Dornwels** [91] (*Amblydoras hancocki*) ist ein echter Ritter des Bodens, denn sein Körper ist mit einem Panzer aus schräg-quer angeordneten Knochenplatten bedeckt, die an den Körperseiten in Dorne auslaufen.

Den Bodengrund der Süßgewässer der ganzen Welt bewohnt eine Vielzahl von großen und kleinen Welsen, die für diese Lebensweise hervorragend ausgestattet sind. Ihr Körper ist entweder kahl oder mit einem dicken Panzer aus Knochenplättchen bedeckt, die häufig die kuriosesten Dorne und Zähnchen tragen. Alle zusammen bilden die Unterordnung Siluroidei, *die etwa 30 Familien und rund 200 Arten umfaßt. Der Ursprung dieser nackten und gepanzerten Ritter des Bodengrundes liegt im Dunkeln. Viele Merkmale binden sie verwandtschaftlich einerseits an die Characiden, andererseits an die Karpfenfische. Ihr Mund ist selten bezahnt. Uns werden hier wieder nur die tropischen und subtropischen Arten interessieren, die in den Aquarien der ganzen Welt gehalten werden.*

Hierher gehören vor allem die Vertreter der Familie der Schwielenwelse (Callichthyidae), der Dornwelse (Doradidae), der Harnischwelse (Loricariidae), der Antennenwelse (Pimelodidae), der Südostasiatischen Schlankwelse (Pangasiidae), der Kiemensackwelse (Clariidae), der Katzenwelse (Ameiuridae) und weitere. Einige von ihnen haben sich im Aquarium gut akklimatisiert, andere werden dauernd aus der Natur importiert, ohne daß es gelungen wäre, sie in der Gefangenschaft zu vermehren.

Knurrender Dornwels [91, 92] (*Amblydoras hancocki*)

Dieser Fisch lebt im Stromgebiet des Amazonas, in Peru, Bolivien und Guayana und wird ungefähr 15 cm lang. Auf den Seiten ist der Körper mit Querknochenplättchen bedeckt, die in einen Dorn auslaufen. Dieser Wels baut ein Nest aus Pflanzenblättern, in das er seine Eier legt. Im Netz gefangen, gibt er quäkende Laute von sich. Er verbirgt sich am Bodengrund und ernährt sich nicht nur von Bodenfauna, Roten Mückenlarven, *Tubifex*-Würmern und Insektenlarven, sondern auch von Trockenfutter, das nach dem Quellen zu Boden gesunken ist.

◀ 91 92

Rehbrauner Schwielenwels [93, 94] (*Hoplosternum thoracatum*)

Dieser Schwielenwels ist in der Natur von Panama bis Paraguay verbreitet und erreicht eine Länge von 18 bis 20 cm. Das Männchen ist größer und besitzt größere Brustflossen mit einem mächtigen, mit Dornen besetzten Stachel. Im Aquarium liebt er Dämmerlicht. Das Männchen baut ein Schaumnest, gewöhnlich unter einem auf der Wasseroberfläche schwimmenden Pflanzenblatt. Zu diesem Zweck eignen sich Teichrosen, Seerosen oder zur Not auch ein Styroporplättchen. Das Weibchen klebt die Eier auf der Unterseite des Blattes an (94). Ihre Zahl ist groß – 800 Stück und mehr. Die Betreuung übernimmt das Männchen. Bei einer Wassertemperatur von 23–24 °C schlüpfen die Jungfische nach etwa 4 Tagen. Wenn das Männchen übermäßig gestört wird, frißt es die Eier oder auch die geschlüpften Jungfische manchmal auf. Ansonsten ver-

93

94

teidigt es energisch seinen Nestbereich, deshalb tut man gut, wenn man das Weibchen nach dem Ablaichen vorsichtig herausfischt.

Im Aquarium wird häufig sein sehr naher Verwandter, der in Ostbrasilien und südlich bis zum Stromgebiet des La Plata verbreitete Rückenwulstgepanzerte Schwielenwels (*Callichthys callichthys*), gehalten. Er hat ähnliche Ansprüche wie der Rehbraune Schwielenwels, ist jedoch weit weniger fruchtbar. Die Eierzahl aus einem Ablaichen übersteigt in der Regel nicht 120 Stück. Die Jungfische schlüpfen nach 4–5 Tagen. Nach dem Freischwimmen halten sie sich in Bodennähe auf. Sie ernähren sich von gehackten *Tubifex*-Würmern, *Enchytraeen*, evtl. von mit heißem Wasser gebrühten *Cyclops*-Nauplien.

Rostpanzerwels [95] (*Corydoras rabauti*)

Dieser Panzerwels ist in den kleinen Zuflüssen des Amazonas über der Mündung des Rio Negro verbreitet. Er wird etwa 6 cm lang. Die Jungfische wechseln zweimal ihre Ausfärbung, bis sie bei einer Länge von etwa 3 cm ihre definitive Farbe annehmen. Aber auch erwachsene Exemplare sind je nach ihrer Herkunft sehr verschieden. Kein Wunder also, daß diese Art unter mehreren Synonymen bekannt ist.

Metall-Panzerwels [96] (*Corydoras schultzei*)

Dieser Fisch lebt gleichfalls in vielen kleinen Nebenflüssen des Amazonas. Er erreicht eine Länge von ungefähr 6,5 cm und hat einen ziemlich langgestreckten Körper mit niedriger Rückenpartie. Zucht und Nachzucht dieser widerstandsfähigen Fische sind einfach und im wesentlichen gleich wie bei anderen Panzerwelsen.

◀ 95

96

Zwerg- oder **Katzenwels** [97] (*Ameiurus nebulosus*)

Dieser Fisch stammt aus den Gewässern der Oststaaten der USA und aus Florida. Er wird rund 40 cm groß und 2 kg schwer. Im vergangenen Jahrhundert wurde er nach Europa eingeführt und akklimatisierte sich vor allem in den Flußgebieten von Donau und Elbe. In der Natur wühlt er seichte Gruben aus, in die er ablaicht. Das Männchen schützt Eier und Jungfische. Seine Nahrung besteht aus Bodenfauna, vor allem *Tubifex*-Würmern und Roten Mückenlarven, manchmal auch aus Fischfleischstückchen. Er gehört in die Familie Ameiuridae. Zur Haltung in Kaltwasseraquarien eignen sich nur junge Exemplare.

97

Schmuckantennenwels [98] (*Pimelodus ornatus*)

Dieser Fisch gehört in die Familie der Antennenwelse (Pimelodidae), die die Gewässer von Südmexiko über ganz Mittel- und Südamerika (ausgenommen den südlichsten

98

Teil) besiedelt. Alle Arten tragen drei Bartelpaare, von denen das erste Paar – in den Mundwinkeln – am längsten ist. Viele Arten der Gattungen *Pimelodus, Pimelodella, Pseudopimelodus, Rhamdia, Acentronichthys, Heptapterus, Sorubim* und *Microglanis* werden in letzter Zeit laufend eingeführt und gehalten. Ihre Vermehrung in der Gefangenschaft ist jedoch noch nicht gelungen.

99

Haiwels [99] (*Pangasius sutchi*)

Der Haiwels ist in Thailand weit verbreitet, von wo er häufig nach Europa importiert wird. Die beste Temperatur für die Haltung ist 22–28 °C. Der Fisch ist sehr gefräßig. Bei guter Fütterung wächst er schnell. Über die Fortpflanzung dieser Art ist bisher nichts bekannt. In der Gefangenschaft leidet sie nicht an Krankheiten. Häufiger teilweiser Wasserwechsel ist ihr zuträglich. In die Familie Pangasiidae gehören viele Vertreter aus südostasiatischen und indonesischen Gewässern.

Der zu den kleinsten Arten zählende Haiwels (*P. sutchi*) wird nur 20 cm lang. Die großen – richtige Riesen unter den Welsen –, wie *P. sanitwongsei*, messen über 3 Meter. Anscheinend verlieren diese Riesen mit zunehmendem Alter die Zähne und aus dem Raubfisch wird ein Vegetarier.

Kapitel 4

FISCHE FALLEN VOM HIMMEL

Der afrikanische **Stahlblaue Prachtkärpfling** [100] (*Aphyosemion gardneri*) zählt zu den buntesten Arten seiner Gattung. Er ist bezüglich seines Laichsubstrates nicht wählerisch. Er laicht in die Sand- oder Torfschicht des Aquariumbodens ebenso wie auch in das Pflanzendickicht.

Die Tropen, die Subtropen sowie die Monsungebiete Südostasiens und der anliegenden Inseln, Afrikas und Südamerikas werden von den Eierlegenden Zahnkarpfen (Cyprinodontidae) bewohnt. Sie leben in fließenden und stehenden Gewässern ebenso wie in jeder austrocknenden Wasseransammlung. Die erwachsenen Männchen sind durchweg größer, bunt und länger befloßt als die unauffällig, größtenteils bräunlich gefärbten Weibchen. Diese legen die Eier auf Pflanzen und auf sandigen oder schlammigen Boden, bzw. wechseln das Laichsubstrat nach Bedarf. Die Entwicklung der Eier ist entweder fortlaufend (kontinuierlich) – in nicht austrocknenden Gewässern – oder unterbrochen (diskontinuierlich) mit ein oder zwei Diapausen in periodisch austrocknenden Gewässern. Arten mit unterbrochener Entwicklung heißen annuelle Arten. Bei den afrikanischen Arten ist die Entwicklungsunterbrechung gewöhnlich kürzer und dauert nur einige Wochen bis Monate, bei den südamerikanischen Arten dagegen auch zwei Jahre. Mit dem Eintritt der Trockenperiode trocknen nämlich die von Regenwasser abhängigen Wassertümpel und -ansammlungen ganz aus. Die erwachsenen Fische gehen ein, und nur die Eier überdauern im rissigen Schlamm bis zur nächsten Regenperiode. Nicht die Fische fallen also vom Himmel, sondern das Regenwasser, das die Erhaltung der Art auch unter schwierigsten Lebensbedingungen ermöglicht. Die meisten Arten sind deshalb für ein Leben in sehr weichem Wasser angepaßt. Die Eihülle ist fest, entweder klebend oder mit den verschiedensten Auswüchsen, Fäden und Häkchen bedeckt, mit denen die Eier am Untergrund anhaften. Es sind etwa 430 Eierlegende Zahnkarpfen bekannt, von denen eine große Zahl im Aquarium gehalten wird.

Bunter Prachtkärpfling [101, 102] (*Aphyosemion australe*)

Der bunte Prachtkärpling lebt in sumpfigen Küstengewässern vom Kongo bis nach Gabun und erreicht eine Länge von 5,5 cm. Er ist ein ruhiger, friedliebender Fisch, der sich mit einem kleinen, seichten Aquarium zufrieden gibt.

Für die Zucht eignet sich am besten sehr weiches Wasser, z.B. Regenwasser. Das Paar legt die Eier auf feinblättrige Pflanzen, wie Tausendblatt (*Myriophyllum*), Quellmoos (*Fontinalis*), Flutendes Teichlebermoos (*Riccia*), Hornfarn (*Ceratopteris*) u.ä. Die Temperatur kann zwischen 22 und 24 °C schwanken. Die Jungfische schlüpfen nach 12–20 Tagen und schwimmen frei. Sie fressen gierig Lebendnahrung, Rädertierchen und *Ar-*

◀100

101

102

temia-Nauplien und wachsen schnell. Das Aquarium muß mit einer Glasscheibe gut zugedeckt sein, denn alle Arten der Gattung *Aphyosemion* springen ausgezeichnet. Die im Aquarium oft gezüchtete, orangefarbene Mutation trägt die Bezeichnunt *A. a. hjerreseni* (101).

Rotgestreifter Prachtkärpfling [103] (*Aphyosemion lujae*)

Dieser Fisch lebt im Mittellauf des Kongo und im Flußgebiet des Kassai. Er wird ungefähr 5,5 cm lang. Die Männchen sind in ihrer Färbung sehr veränderlich. Die Zuchtbedingungen gleichen jenen der vorangehenden Art. Das Paar laicht auf Pflanzen ab. Die durchschnittlich nur 1,3–1,4 mm großen Eier entwickeln sich kontinuierlich, d.h. ohne

103

Unterbrechung. Die Jungfische sind sehr empfindlich und müssen sofort nach dem Freischwimmen vorsichtig, aber gut gefüttert werden. Die züchterischen Erfolge sind unterschiedlich, aber gewöhnlich sehr gering.

Stahlblauer Prachtkärpfling [100, 104, 105, 106] (*Aphyosemion gardneri*)

Der Stahlblauer Prachtkärpling ist eine in den Urwald- und Savannen-Gewässern Nigerias und Westkameruns sehr verbreitete Art.

Das etwa 6 cm lange Männchen ist größer als das Weibchen. Es hat große Flossen und schimmert an den Flanken bläulich bis grünlich. Außerdem ist der Körper mit einer veränderlichen Zahl (30 bis 90) dunkelroter, in unregelmäßigen Längsreihen angeordneter Flecken bedeckt.

Wegen der variierenden Ausfärbung bereitete die richtige Bestimmung dieses Fisches jahrelang Schwierigkeiten. In der aquaristischen Literatur wurde er in den letzten Jahren unter den Bezeichnungen *A. calliurum calliurum*, *A. c. ahli* und *A. nigerianum* geführt. In der Natur sind zwei Hauptstämme: in der Ausfärbung am unterschiedlichsten einer aus Nigeria, der zweite aus Kamerun. Die Zucht im Aquarium ist ziemlich einfach. Der Stahlblauer Prachtkärpfling laicht sowohl im Bodengrund als auch auf Pflanzen. Die Größe der Eier der einzelnen Populationen schwankt im Durchmesser von 1,0–1,5 mm. Die Entwicklung verläuft kontinuierlich, ohne Diapause. Aus den dauernd im Wasser befindlichen Eiern schlüpfen die Jungfische bei einer Temperatur um 25 °C

104

nach 12–20 Tagen und schwimmen sofort frei. Sie sind sehr gefräßig, nehmen jederart lebende Staubnahrung entsprechender Größe an und wachsen schnell. Bereits im Alter von zwei bis drei Monaten ist das Geschlecht klar zu unterscheiden und es können Vermehrungsversuche angestellt werden. Der Stahlblaue Prachtkärpfling läßt sich gut mit dem Bunten Prachtkärpfling (*A. australe*) kreuzen, doch sind die Hybriden weder

105

106

schön gefärbt noch schön gebaut. Dagegen treten bei ihnen häufig verschiedene Defekte im Körperbau und der Flossenform auf. Außer anderen Mißbildungen verwachsen beispielsweise Rücken-, Schwanz- und Afterflosse miteinander.

Kongo-Prachtkärpfling [107] (*Aphyosemion christyi*)

Dieser Fisch lebt im Mittellauf des Kongo und erreicht eine Länge von etwa 5 cm. Im Aquarium werden zwei Populationen bzw. Stämme mit verschiedener Chromosomenzahl (9 und 15) gezüchtet. Bei einer zufälligen Kreuzung ist die Nachkommenschaft nicht lebensfähig. Das ist offensichtlich auch der Grund der so häufig diskutierten Zuchtschwierigkeiten in der Gefangenschaft. Die Eier sind klein, nur 1,2 mm im Durchschnitt und entwickeln sich kontinuierlich.

107

Rotsaumprachtkärpfling [108] (*Aphyosemion calliurum*)

Dieser Fisch stammt aus Südnigeria, wird ungefähr 5 cm lang und vermehrt sich im Aquarium gut. Die Eier entwickeln sich kontinuierlich. Der Fisch wird mit *A. ahli* und dem Bunten Prachtkärpfling *A. australe* gekreuzt. In der aquaristischen Literatur ist er häufig unter dem Synonym Fahnenprachtkärpfling *A. vexillifer* angeführt.

108

Fadenprachtkärpfling [109] (*Aphyosemion filamentosum*)

Dieser Fisch bewohnt periodische Wassertümpel in Südwestnigeria und wird etwa 5,5 cm lang. In der Natur laicht er ausschließlich in den Bodengrund ab. Die Eier entwickeln sich diskontinuierlich mit Diapause. Im Aquarium können sie sich zwar ohne Unterbrechung entwickeln, doch schlüpfen die Jungfische nur schwierig. Bessere Zuchtergebnisse wurden beim Ablaichen in faserigem Torf erzielt. Der abgetropfte Torf mit Fischeiern wird etwa 20 Tage feucht gehalten und dann erneut mit Wasser übergossen. Aus den kleinen, kaum 1,3 mm großen Eiern schlüpfen dann mehr und lebensfähigere Jungfische. Im Torf dürfen keine Nahrungsreste vorhanden sein, da durch ihre Zersetzung die Eier zerstört würden.

Aphyosemion filamentosum

109

110

Walkers Prachtkärpfling [110, 111, 112] (*Aphyosemion walkeri*)

Dieser Prachtkärpfling ist in den Urwaldgewässern in Südwestghana und im Südostteil der Elfenbeinküste beheimatet. Er wird 6,5 cm lang, laicht am Boden und ist ein typischer annueller Typ. Seine 1,4–1,5 mm großen Eier entwickeln sich diskontinuierlich. Die gesamte Entwicklung der Eier dauert mehrere Wochen. Die erwachsenen Fische leiden häufig an Fischtuberkulose.

111

112

Gebänderter Prachtkärpfling [113] (*Aphyosemion bivittatum*)

Dieser Fisch ist in Kamerun und Nigeria verbreitet und wird ungefähr 5 cm lang. Er laicht in weichem, schwach saurem Wasser in ein feinblättriges Pflanzengewirr. Das Männchen ist sehr aktiv und quält nicht selten das Weibchen zu Tode. Während einer Laichperiode, die sich auch über mehrere Tage erstrekken kann, produziert ein Paar 100 bis 150 Eier. Nach dem Ablaichen muß es herausgefischt werden. Die Eier entwickeln sich kontinuierlich. Die Jungfische schlüpfen nach etwa 14 Tagen bei einer Wassertemperatur um 25 °C. Nach ungefähr drei Wochen kann, sobald das Weibchen einen deutlichen Laichansatz zeigt, das Laichen wiederholt werden. Die Fische sind im Alter von etwa einem halben Jahr erwachsen. Variabel sind nicht nur Körperform und Beflossung, sondern auch die Ausfärbung des Gebänderten Prachtkärpflings, die hellbraun, gelb, orange, grün oder auch blau sein kann. Mit Rücksicht auf die vom Fangort abhängige Färbung wurden in den vergangenen Jahrzehnten mehrere Arten unter der gesonderten Bezeichnung *A. multicolor, loennbergi, pappenheimi, riggenbachi, splendopleure* und *unistrigatum* oder die Unterarten *bivittatum holyi* u.ä. beschrieben.

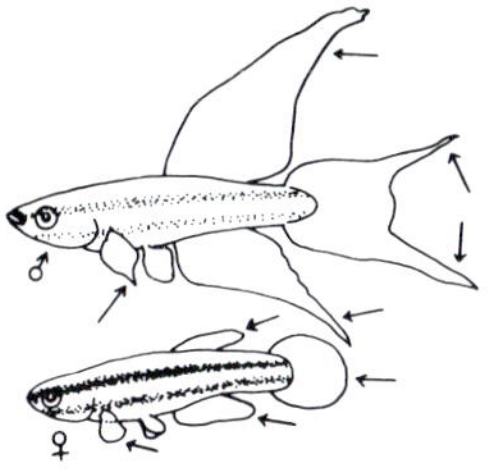

Aphyosemion bivittatum

Scheel bewies mit einer Studie der Chromosomenzahl und mit Kreuzungsversuchen eindeutig, daß es sich nicht um echte Arten, sondern um farbliche und formmäßige Varianten handelt, die an den einzelnen Fischen nicht unterscheidbar und beweisbar sind.

113

Scheels Prachtkärpfling [114] (*Aphyosemion scheeli*)

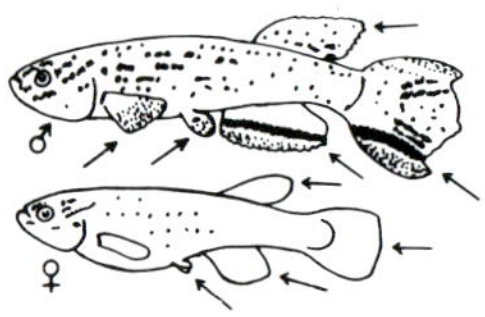

Aphyosemion scheeli

Diese Prachtkärpflingsart stammt aus Südnigeria. Das Männchen wird 5,5 cm lang. Die Entwicklung der Eier verläuft kontinuierlich. Die Zucht ähnelt im wesentlichen der des Stahlblauen Prachtkärpflings. Er ist gewöhnlich unter der veralteten Handelsbezeichnung *A. „burundi“* bekannt.

114

Blauer Prachtkärpfling [115] (*Aphyosemion sjoestedti*)

Dieser Fisch lebt in Wassertümpeln Südnigerias und Westkameruns und erreicht eine Länge von 12 cm. Die Aquarianer kennen ihn gewöhnlich unter den fälschlichen Bezeichnungen *A. coeruleum* und *A. gulare coeruleum*. Die Eier sind 1,3–1,5 mm groß und entwickeln sich diskontinuierlich. Sie werden in feinen Sand gelegt. Eine produktive Zucht kann so angelegt werden, daß man die Fische in einem zylindrischen Gefäß laichen läßt, dessen Boden mit sehr feinem Sand bedeckt ist. Wenn man den Sand nach einigen Tagen mit einem Glasstab umrührt, werden auch die Eier aufgewirbelt und konzentrieren sich durch den sich drehenden Wasserstrom in der Mitte des Gefäßes auf dem Sandboden, von wo sie sich mit einer Glaspipette leicht absaugen und in mit einem Deckel versehene Petri-Laborschale von 10 cm Durchmesser und nur 12–15 mm Tiefe versetzen lassen. Die Schalen mit den Eiern werden in eine Schublade oder in einen Kasten bei normaler Zimmertemperatur abgestellt. Zuerst werden die unbefruchteten, verpilzenden Eier täglich, später in längeren Intervallen entfernt, damit sie die befruchteten, sich entwickelnden Eier nicht infizieren. Die Jungfische schlüpfen je nach Temperatur nach 3–9 Wochen. Nach weiteren 2–5 Tagen schwimmen sie frei und fressen jedes entsprechend große Staubfutter. Um die Verpilzung der sich entwickelnden Eier zu verhindern, kann ganz wenig Trypaflavin als vorbeugende Desinfektion zugesetzt werden. Das für die Entwicklung der Eier bestimmte Wasser soll ohne Karbonathärte sein und die Nichtkarbonathärte bzw. Sulfathärte soll 5° dNKH nicht übersteigen. Die Jungfische wachsen sehr verschieden. Die schneller gewachsenen Exemplare – es sind in der Regel Männchen – müssen rechtzeitig versetzt werden, damit sie ihre kleineren Geschwister nicht verspeisen. Die Weibchen wachsen langsamer. Für die Zucht eignet sich ein größeres Becken mit reichem Pflanzenbewuchs. Die Fische halten sich hauptsächlich in Bodennähe auf. Vollerwachsene Paare werden gesondert gehalten, da sie unverträglich sind. Außerhalb der Laichzeit benötigen sie eine Wassertemperatur von 20 °C, zur Aufzucht der Jungfische von 22 °C.

115

Tüpfelhechtling [116, 117, 118] (*Pachypanchax playfairi*)

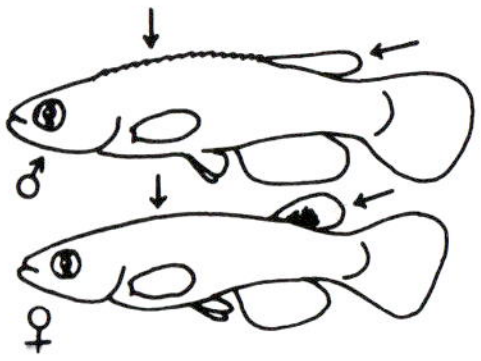

Pachypanchax playfairi

Dieser Fisch kommt auf den Seychellen, auf Sansibar und an verschiedenen Stellen Ostafrikas vor und wird ungefähr 10 cm lang. Durch die hormonale Tätigkeit sehen manche ältere Männchen in der Laichzeit wie bauchwassersüchtig aus, da sie hauptsächlich am Rücken auffällig gesträubte Schuppen tragen. Die Eier klebt das Zuchtpaar an Pflanzen. Die Jungfische schlüpfen bei einer Temperatur von 24–25 °C bereits nach 10 bis 12 Tagen, manchmal auch etwas später. Dieser schöne Fisch ist räuberisch und angriffslustig. Es überrascht deshalb, daß viele Paare im Aquarium praktisch dauernd laichen und dennoch weder die Eier noch die um sie in den verschiedensten Größen herumschwimmenden Jungfische fressen. Eltern und Nachkommenschaft können also ständig zusammen gehalten werden. Die Jungen wachsen ausnehmend langsam.

116

117

118

Zickzack-Prachtkärpfling [119] (*Roloffia geryi*)

Dieser Fisch lebt in den Wald- und Savannen-Süßgewässern von Nieder-Guinea und Sierra Leone. Er wird rund 4,5 cm lang. Das Männchen ist größer als das Weibchen. Charakteristisch für das Männchen ist seine rotgefärbte Kehle, während die Kehle des ihm sehr nahe verwandten Roloffs Prachtkärpflings (*A. roloffi*) dunkel bis schwarz ist. Im Aquarium entwickeln sich die Eier immer kontinuierlich. Sie sind sehr klein, von nur 0,8 mm Durchmesser. Die Entwicklung verläuft schnell. Die Jungfische schlüpfen bei einer Temperatur von 25–27 °C nach 10 bis 12 Tagen, schwimmen im Lauf von weiteren 24 Stunden frei und beginnen Nahrung anzunehmen. Die ideale Wasserhärte für die Entwicklung der Eier ist etwa 15° dNKH bei einer Karbonathärte gleich Null. Der Zickzack-

119

Prachtkärpfling vermehrt sich im Aquarium willig und ist sehr produktiv. Das Männchen ist größer, und seine Ausfärbung ist bunter als die des Weibchens. Seine Grundfarbe ist gelblich, grünlich bis blaugrün mit metallischem Glanz. Sein Körper weist unregelmäßige rote Flecken auf, die an den Seiten in langgezogene Zickzack-Streifen übergehen. Die Schwanzflosse hat Leierform und ist oben und unten goldgesäumt. Typisch für die Art ist die rote Zeichnung auf der Kehle. Das Weibchen ist unauffällig bräunlich ausgefärbt. Es hat an den Körperseiten einen dunklen Längsstreifen und farblose Flossen.

Liberia-Prachtkärpfling [120] (*Roloffia liberiensis*)

Dieser Fisch stammt aus den Tümpeln an der Küste Westliberias und erreicht eine Länge von etwa 6 cm. Diese halbannuelle Art (in der Natur entwickeln sich die Eier sowohl mit als auch ohne Diapause, im Aquarium immer kontinuierlich) läßt sich in Gefangenschaft leicht halten und züchten. Das Zuchtpaar legt die Eier entweder auf feinblättrige Pflanzen, auf den Bodengrund oder in die Ecken des Aquariums ab. Bei einer Optimaltemperatur des weichen Wassers von 24–26 °C schlüpfen die Jungfische nach 14 Tagen. Das Zuchtaquarium muß gut zugedeckt sein, denn die Fische springen nicht nur ausgezeichnet, sondern kriechen und klettern auch aus dem Wasser heraus.

120

Der Liberia-Prachtkärpfling reagiert sehr empfindlich auf plötzliche Änderungen des Wasserchemismus. Das Männchen ist größer als das Weibchen. Seine Grundfärbung ist ein sattes Blau. Auf dem Körper und den Flossen liegen unregelmäßig verteilte rote Flecken. Die Rücken- und die Afterflosse ziert ein dunkler Längsstreifen, ihr Außenrand ist hellblau bis grün. Die Schwanzflosse ist oben und unten goldgelb gesäumt. Die Ausfärbung des Weibchens ist weniger auffallend: Es ist olivbraun mit einem dunklen Fleck auf der Schwanzwurzel. Seine Flossen sind farblos.

Sheljuzhkos Querbandhechtling oder **Grünhechtling** [121] (*Epiplatys chaperi sheljuzhkoi*)

Dieser Fisch ist eine Unterart der Nominatform des Querbandhechtlings (*E. chaperi chaperi*). Beide, Ausgangsart und Unterart, sind in Südwestghana und an der Elfenbeinküste verbreitet. Sie werden bis 7 cm lang. *E. ch. sheljuzhkoi* braucht für die Zucht sehr weiches Wasser, auch der pH-Wert kann stärker absinken. Aus der Natur sind extrem niedrige pH-Werte bis 3,5 bekannt. So saures Wasser ist aber für das Aquarium nicht empfehlenswert, da es praktisch für alle bisher gezogenen Aquariumfische früher oder später ausgesprochen giftig wirkt. Ein pH-Wert von 6–7 ist zusagend. Im wesentlichen sind Zucht und Aufzucht ähnlich jenen des nächstbeschriebenen Monrovia-Hechtlings.

121

Monrovia-Hechtling [122, 123] (*Epiplatys dageti monroviae*)

Dieser Hechtling bewohnt die Süßgewässer Südwestliberias und ist östlich in den Sümpfen bis zur Elfenbeinküste verbreitet. Er wird ungefähr 5 cm lang. Das Männchen hat eine orangefarbene bis orangerote Kehle. Dadurch unterscheidet es sich von der Nominatform *E. dageti dageti*, bei der dieser Fleck fehlt. In der aquaristischen Litera-

122

tur wird der Fisch seit seinem ersten Import im Jahr 1908 unter der falschen Bezeichnung Querbandhechtling (*E. chaperi*) geführt und ist allen Zuchtern als widerstandsfähiger Eierlegender Zahnkarpfen bekannt. Seine kleien glasklaren Eier legt er auf Pflanzen ab. Die Jungfische schlüpfen bei 25 °C nach 8–10 Tagen. schwimmen sofort frei und nehmen kleine Lebendnahrung aller Art an. Die Gesamthärte des für dic Zucht bestimmten Wassers darf 10° dGH nicht überschreiten.

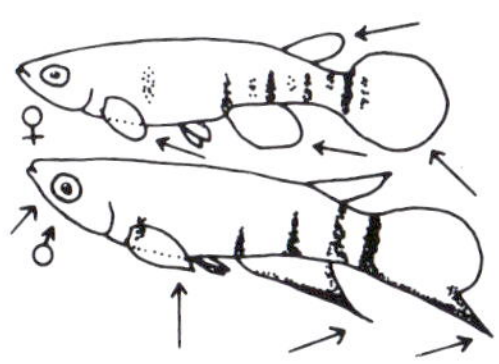

Epiplatys dageti monroviae

123

Gebänderter Hechtling oder **Bronzehechtling** [124] (*Epiplatys fasciolatus*)

Dieser Fisch stammt aus Niederguinea, Sierra Leone und Liberia. Er wird 8 cm lang. Als Folge seiner geographischen Verbreitung und den verschiedenen Wassertypen, in denen er lebt, sind Ausfärbung und Form sehr variabel. Die Küstenpopulationen sind weniger farbenfroh als die Binnenpopulationen und haben in der Regel eine gestrecktere Körperform. Der Gebänderte Hechtling lebt in Urwaldgewässern ebenso wie in Savannenbächen. Wahrscheinlich handelt es sich um mehrere sog. sympatrische Arten, die voneinander morphologisch eindeutig schwer zu unterscheiden sind. Dafür

124

sprechen auch die Kreuzungsversuche mit verschiedenen Populationen, die unfruchtbare Nachkommen ergeben.

Das Zuchtbecken mit Schwimmpflanzen und möglichen Verstecken muß genügend groß sein. Die Männchen sind während des Ablaichens sehr aggressiv. Aus den etwa 1,5 mm großen Eiern schlüpfen die Jungfische bei einer Temperatur von 22–24 °C nach 12–14 Tagen. Zuerst halten sie sich in Oberflächennähe auf. Sie wachsen ungleichmäßig schnell und müssen deshalb nach ihrer Größe sortiert werden. Das ganze Leben hindurch sagt den Fischchen mittelhartes Wasser mit Meersalz- oder wenigstens Kochsalzzusatz zu.

Sechsbandhechtling [125] (*Epiplatys sexfasciatus*)

Diese Hechtlingsart ist in den Urwaldgewässern von Ostghana bis Südgabun beheimatet und wird etwa 10 cm lang.

Die Zucht ist im wesentlichen einfach und ähnlich wie bei der vorhergenannten Art. Nur sind die Jungfische hier gegen Wasserwechsel empfindlich und leiden häufig an bakteriellem Flossenzerfall. Diese ziemlich langlebige Art erreicht die volle Entfaltung ihrer wunderschönen Ausfärbung erst im zweiten Jahr ihres Lebens.

125

126

Blauer oder **Günthers Prachtgrundkärpfling** [126, 127] (*Nothobranchius guentheri*)

Dieser Fisch stammt aus Mittelafrika. Heute sind insgesamt rund 20 Arten der Gattung *Nothobranchius* bekannt, die hauptsächlich aus Süd- und Ostafrika stammen. Ihr Körper ist relativ hochrückig. Die Schuppen sind an Kopf und Flanken mit Zähnchen besetzt und die Eier mit Haftauswüchsen bedeckt. Zucht und Aufzucht der meisten Arten ist schwierig. Empfehlenswert ist mittelhartes, 20–24 °C warmes Wasser. In weichem Wasser leiden sie an Fischtuberkulose, Bauchwassersucht und werden von Außenparasiten, vor allem *Piscinoodinium*, befallen. Die Fruchtbarkeit ist beachtlich. Die erwachsenen Fische sind Allesfresser. Die Eier entwickeln sich diskontinuierlich, am besten in Torf. Die Jungfische mancher Arten schlüpfen nach 4–8 Wochen, andere erst nach einem halben Jahr oder noch später. Sie wachsen überraschend schnell. Bei ausgiebiger Fütterung werden sie im Alter von 3–4 Wochen geschlechtsreif. Die Nachbestimmung von in Gefangenschaft gezogenen Fischen bereitet Schwierigkeiten.

127

Schwarzflecken-Prachtgrundkärpfling [128] (*Nothobranchius melanospilus*)

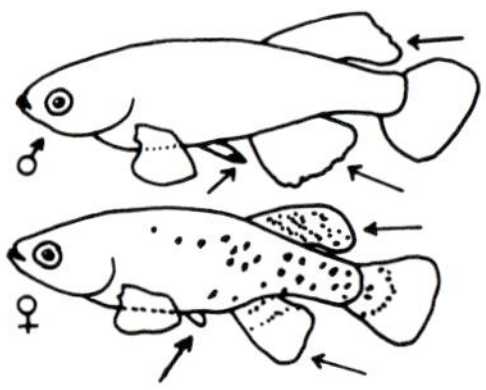

Nothobranchius melanospilus

Dieser Fisch ist ein naher Verwandter des Blauen Prachtgrundkärpflings. Der Körper der Weibchen ist mit unregelmäßig verteilten, schwarzen Flecken bedeckt. Die Fische stammen aus dem früheren Tanganjika und werden ungefähr 7 cm lang. Die Zuchtbedingungen ähneln jenen des Blauen Prachtgrundkärpflings. Die Fische laichen in den Boden. Die Eier sind ca. 1,5 mm groß und ihre Entwicklung dauert in Torf 6–8 Wochen.

128

Rachows Prachtgrundkärpfling [129] (*Nothobranchius rachovi*)

Dieser Fisch gehört in die Gruppe der *taeniopygus*-Arten, die in der Umgebung des Victoria-Sees, in Kenia und im früheren Tanganjika, südlich bis Sambia und Rhodesien, in Katanga und in Mosambik leben. Es sind kleine, kaum 5 cm lange Fische. Sie laichen im Boden, und die diskontinuierliche Entwicklung der Eier dauert gewöhnlich 4–6 Monate. Die Zahnkarpfen dieser Gruppe sind ausnehmend empfindlich gegen Wasserwechsel sowie gegen viele bisher nicht festgestellte oder nicht näher definierte Faktoren. Deshalb ist ihre Zucht schwierig. Manchmal gelingt sie, dann wieder aus nicht genau feststellbaren Ursachen nicht. Für die Zucht sind eine etwas höhere Wassertemperatur von 24 bis 27 °C und eine Gesamthärte des Wasser von 5–8° dGH erforderlich.

129

Goldgrüner oder **Mafia Prachtgrundkärpfling** [130, 131]
(*Nothobranchius korthausae*)

Dieser Fisch wurde erst im Jahr 1972 auf der Insel Mafia bei Ostafrika entdeckt. Er lebt größtenteils in nichtperiodischen, also im Laufe des Jahres nicht austrocknenden Gewässern. Er erreicht eine Länge von 5 cm. Die Zucht dieser Art ist einfach. Ihre Eier

130

entwickeln sich sowohl kontinuierlich als auch diskontinuierlich. Das Zuchtpaar laicht willig sowohl in ein Pflanzengewirr als auch in Sand, Detritus, Torf, ja sogar auf dem nackten Glasboden oder in die Ecken des Beckens.

Die meisten Zuchtfische fressen keine Eier. Wenn die Eier im Wasser bleiben, entwickeln sie sich kontinuierlich im Lauf von 18–21 Tagen bei einer Wassertemperatur von 25–26 °C. In feuchtem Torf ist die Entwicklung diskontinuierlich und dauert 4–6 Wochen. Bei diskontinuierlicher Entwicklung sind die Jungfische nach dem Schlüpfen weit lebhafter. Die Wasserhärte im Bereich von 1–15° wirkt sich weder auf die erwachsenen Fische, noch auf die Eier bzw. auf die Embryonen sichtbar aus.

131

Streifenhechtling [132, 133] (*Aplocheilus lineatus*)

Dieser Hechtling ist in Vorderindien und auf Sri Lanka verbreitet und wird ungefähr 12 cm lang. Diese Zahnkarpfenart kann im Aquarium nur in Gesellschaft größerer Fische gehalten werden, da die älteren Exemplare sehr angriffslustig und gefräßig sind. Sie schlucken leicht einen Fisch bis zur Größe des Weibchens des Zebrabärblings (*Brachydanio rerio*). Zucht und Haltung sind sehr einfach. Die auf feinblättrige Pflanzen (*Myriophyllum* und *Riccia*) abgelegten Eier sind bei 24 °C nach 14–17 Tagen schlupfreif. Wenn mit genügend Lebendnahrung entsprechender Größe gefüttert wird, wachsen die Jungfische schnell. Die jungen Fische sind relativ friedliebend.

132

Die Arten der Gattung *Aplocheilus* sind von Indien und Sri Lanka bis nach Thailand und dem indomalaiischen Gebiet verbreitet und besiedeln insbesondere Waldgewässer. Das Weibchen hat einen dunklen Fleck auf der Rückenflossenbasis und Querstreifen an den Körperseiten. Bezüglich Wasserzusammensetzung sind die Tiere nicht empfindlich. Viele Arten können in hartem Wasser mit alkalischer Reaktion gehalten werden. Die Gesamthärte darf höchstens 20° dGH betragen, wobei die Karbonathärte 7° dKH nicht überschritten werden sollte. Bei höherer Karbonathärte steigt die Sterblichkeitsrate der Embryonen während der Entwicklung in der Eihülle steil an. Alle Arten laichen auf Pflanzen mehrere Tage lang. Täglich legt ein erwachsenes Zuchtpaar 10–20 Eier mit sehr harter, klebriger Hülle ab.

133

Gemeiner Hechtling [134] (*Aplocheilus panchax*)

Dieser Hechtling lebt in den Gewässern Vorder- und Hinterindiens, Ceylons und des Indomalaiischen Archipels. Er wird etwa 8 cm lang. Diese Zahnkarpfen sind untereinander und gegenüber anderen Fischen ziemlich zanksüchtig, angriffslustig und unverträglich. Ihre Eier sind 1,6 bis 1,8 mm groß. Als Folge des ausgedehnten Verbreitungsareales sind die Fische besonders, in bezug auf die Ausfärbung, sehr verschiedenartig. Einige Zuchtformen wurden unrichtig als selbständige Arten beschrieben, z.B. *A. lucescens* und *A. mattei*. Schön rotgefleckt ist die in Thailand verbreitete Unterart *A. p. siamensis*, die Aquarianer oft unter dem ungültigen Synonym *A. rubropunctatus* führen.

134

Roter Leuchtaugenfisch [135] (*Procatopus similis*)

Dieser Fisch ist in den Urwaldgewässern von Nigeria und SW-Kamerun verbreitet und wird 7 cm lang.

Er lebt gern im Schwarm. Im Aquarium wurde er erfolgreich vermehrt. Die Laichperiode zieht sich über mehrere Tage hin. Aus den nur etwa 1,5 mm großen Eiern schlüpfen nach 10–14 Tagen die Jungfische und müssen mit sehr kleiner Lebendnahrung, möglichst mit Rädertierchen, gefüttert werden. Auch bei bester Fütterung wachsen die Jungfische nur sehr langsam. Deshalb ist diese Art wenig produktiv.

Aplocheilichthys macrophthalmus gehört zur selbständigen Unterfamilie Procatopodinae, in der viele Gattungen und Arten vorkommen. Sie ist im tropischen und subtropischen Afrika vertreten. Nur wenige Arten reichen im Süden bis Südafrika und im Norden bis Ägypten. Es handelt sich durchweg um Fische, die Bäche und Flüsse besiedeln, also gute Schwimmer sind, und sich mit charakteristischer „Zitterbewegung" fortbewegen. Im Aquarium ist ihre Zucht alles andere als einfach. Da die Fische fließendes Wasser vorziehen, muß dieses wenigstens durch starke Durchlüftung ersetzt werden, in deren Strom sich der Schwarm dauernd aufhält. Die Fische sind empfindlich gegen die Wasserzusammensetzung und vertragen zu weiches, saures Wasser nicht. Vor allem wirkt auf sie auch ein kleiner Nitritgehalt giftig bis tödlich. Deshalb ist absolute Sauberkeit des Beckens und ein hoher Gehalt an im Wasser gelösten Sauerstoff erforderlich.

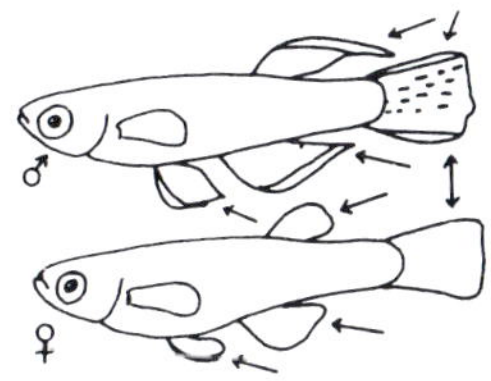

Aplocheilichthys macrophthalmus

135

Goldschwanz-Rivulus oder **Bachling** [136, 137] (*Rivulus milesi*)

Dieser Fisch ist in Kolumbien im Flußgebiet des Rio Magdalena beheimatet. Er wird etwa 6 cm lang. Die Zucht gleicht jener der zuvorerwähnten beiden Arten. Die Eier sind groß und weisen einen Durchmesser von etwa 1,9 mm auf.

Hoedeman zweifelt an der Selbständigkeit dieser Art und hält den Fisch mit größter Wahrscheinlichkeit für eine Kreuzung mit gemischten Merkmalen von *R. elegans*, *R. cylindraceus* oder *R. urophthalmus*.

Im allgemeinen sind die Vertreter der Gattung *Rivulus* weit verbreitet: von Yukatan, Florida und Kuba über ganz Mittel- und den nördlichen Teil von Südamerika bis Südbrasilien. Da sich die ungeheure Anzahl den unterschiedlichsten Lebensmilieus ange-

136

paßt hat und die zwischenartlichen Unterschiede klein sind, ist auch die taxonomische Teilung und die richtige Bestimmung häufig sehr schwierig. Das wohl klarste – auf der Form und der Zahl der Stirn- und Nackenschuppen aufgebaute – System wurde von Hoedeman vorgeschlagen, obgleich auch hier Übergangsformen ungewisser systematischer Stellung zu finden sind. Von den bisher bekannten etwa 50 Arten der Gattung *Rivulus* werden viele eingeführt und im Aquarium gehalten. Alle sind ausgezeichnete Springer und kleben häufig im Aquarium für kurze Zeit an aus dem Wasser herausragenden Blättern, ja sogar auf dem Deckglas. Die Haltung der meisten Arten ist in reinem mittelharten Wasser im allgemeinen leicht. Belüftung ist nicht notwendig, Filterung dagegen erforderlich.

137

Fächerfisch [138] (*Cynopoecilus ladigesi*)

Der Fächerfisch ist von Norduruguay bis Rio de Janeiro verbreitet und wird ungefähr 4 cm lang. Er bewohnt periodische Gewässer. Die Fische legen die Eier in den Bodengrund ab und schütten sie am Ende jedes Laichaktes durch eine heftige Bewegung des Körpers und der Flossen mit Substrat zu. Die Eier entwickeln sich diskontinuierlich. Sie besitzen eine nicht klebende, in hexagonale Felder geteilte Hülle mit palmenblattartig verzweigten Greifauswüchsen. Männchen und Weibchen zeigen die gleiche Flossenstrahlzahl in der Rücken- und der Afterflosse.

138

Perlmutt-Fächerfisch [139] (*Cynolebias whitei*)

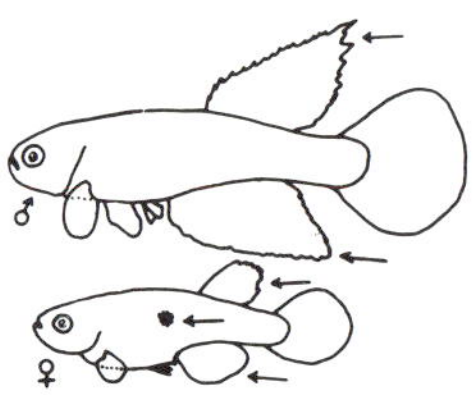

Cynolebias whitei

Dieser Fächerfisch ist in Brasilien im Gebiet von Rio de Janeiro verbreitet. Das Männchen erreicht eine Länge von 8 cm, das Weibchen von nur 5,5 cm. Die Eier legt es in den Boden ab. Beim Laichen schiebt das Weibchen den Kopf von links oder rechts unter die große Brustflosse des Männchens. In dieser Lage sind die Urogenitalpapillen beider Fische einander am nächsten. Die Eier fallen ziemlich tief in den Schlamm ein und machen eine diskontinuierliche Entwicklung durch. Bald nach dem Laichen setzt in der Natur die Trockenperiode ein, die Tümpel trocknen aus und die erwachsenen Fische sterben. Erst mit dem Beginn der Regenzeit nach dem Überschwemmen des halbtrockenen Schlamms schlüpfen die Jungfische aus den Eiern.

139

Schwarzflossiger Fächerfisch [140, 141] (*Cynolebias nigripinnis*)

Dieser Fisch lebt im Stromgebiet des La Plata und des Paraná über Rosario de Santa Fé in Argentinien. Er wird nur 4,5 cm lang. In der Natur legt er seine Eier in feinen Lehm oder Tonschlamm, der niemals ganz austrocknet. Im Aquarium können die Eier im Schlamm unter einer ganz kleinen Wasserschicht auch für die Dauer von drei Jahren am Leben gehalten werden.

140

141

Die Gattung *Cynolebias* ist in den südamerikanischen Gewässern von Nordargentinien bis zur Mündung des Amazonas vertreten. Die Strahlenzahl in den Rücken- und Afterflossen ist bei den Männchen größer als bei den Weibchen. Dadurch unterscheiden sie sich klar von der Gattung *Cynopoecilus*. Alle rund 30 bisher bekannten Arten der Gattung *Cynolebias* legen die Eier in den Boden. In der Aquaristik sind nur 7 Arten heimisch geworden.

142

Peru-Schleierkärpfling [142] (*Pterolebias peruensis*)

Dieser Fisch stammt aus Peru, aus dem Gebiet von Loreto am Oberlauf des Amazonas und wird 9 cm lang. Alle bekannten Arten der Gattung *Pterolebias* leben in den Savannengewässern Perus, Boliviens, Venezuelas und Brasiliens. Ihr Körper ist schlank, langgestreckt mit verhältnismäßig kurzer Rükkenflossenbasis. Alle Arten legen die Eier in den Boden. Als Laichsubstrat dienen dunkler, feiner Sand oder Torf und starker Schwimmpflanzenbewuchs. In Gefangenschaft werden höchstens 3 bis 5 Arten gezüchtet.

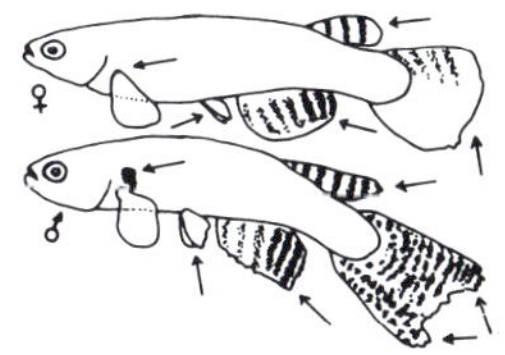

Pterolebias peruensis

143

Savannenbach-Fundulus [143] (*Austrofundulus transilis*)

Diese Fischart ist in Venezuela im Flußgebiet des Orinoko beheimatet und wird 7,5 cm lang. Sie ist stattlich, robust, unverträglich und ungesellig, braucht weiches Wasser und genügend Raum, d.h. also ein größeres Becken. Sie laicht bereitwillig in den Boden. Die Entwicklung der etwa 1,5 mm großen Eier verläuft diskontinuierlich und dauert 5–6 Monate. Das Zuchtpaar ist sehr fruchtbar und bringt im Laufe einer Woche 500 und mehr Eier hervor.

Die Vertreter der Gattung *Austrofundulus* besiedeln die Savannenbäche von Südvenezuela und Kolumbien. Ihrem Aussehen nach erinnern sie an die afrikanischen Vertreter der Gattung *Nothobranchius*.

Es sind nur etwa fünf Arten bekannt. In Gefangenschaft wurde bisher *A. dolichopterus*, *A. transilis* und *A. myersi* gehalten. Der kleinste, *A. dolichopterus*, erreicht eine Länge nur von 5 cm, der größte, *A. myersi*, wird bis 13 cm lang.

Kapitel 5

FISCHE DIE LEBENDE JUNGE GEBÄREN

Der **Rote Platy, Spiegelkärpfling** [144] (*Xiphophorus maculatus* var. *sanguinea*) zählt zu den beliebtesten Zuchtmutanten. Besonders geschätzt sind Ausfärbung und Größe der Fische ebenso wie der porzellanweiße Flossensaum.

Die Westindischen Inseln, die Südstaaten der USA, Mittelamerika und die Zonen bis Nordargentinien werden von vielen lebendgebärenden Fischen der Familie Poeciliidae bewohnt. Sie leben in den verschiedensten Gewässern – im Süßwasser wie im Brackwasser. Charakteristisch ist für sie der sekundäre Geschlechtsdimorphismus. Die Afterflosse des Männchens ist in ein Begattungsorgan, ein sog. Gonopodium, umgewandelt. Die größten Arten erreichen 20 cm, wobei die Männchen größer als die Weibchen sind. Die Weibchen bringen mehrmals jährlich lebende Junge zur Welt. Je nach der Art variiert ihre Zahl aus einem Wurf von einigen Stück bis mehreren hundert. Die Jungen kommen voll entwickelt zur Welt und sind sofort fähig, selbständig zu leben. Eine Besamung genügt für mehrere Würfe.

Im Aquarium benötigen die lebendgebärenden Fische außer Lebendnahrung auch reichliche Pflanzenbeikost. Die Weibchen vieler Arten sind Kannibalen und müssen vor dem Wurf in einem sog. Geburtskäfig isoliert werden, aus dem die Jungen durch einen engen Spalt im Boden fallen. Bald nach der Geburt suchen sie nach Nahrung. Von Anfang an fressen sie sowohl gröbere lebende Staubnahrung als auch Trocken- und Kunstfutter. Die Jungfische wachsen schnell. Für günstige Versuche oder für die Hochzucht ausgewählte, schöngefärbe Exemplare müssen nach dem Geschlecht getrennt und Männchen und Weibchen gesondert gehalten werden. Die meisten Arten neigen bereits in der Natur dazu, xanthoristische und albinotische Formen zu bilden und diese Eigenschaft wird in der Aquaristik weitgehend genutzt.

Wagtail Xiphophorus, Schwertträger [145] (*Xiphophorus helleri*)

Dieser Fisch ist eine formmäßig und farblich wunderschöne, im Aquarium gezüchtete Mutation. Ihre Grundfärbung kann grün, rot oder weiß sein. Charakteristisch sind die stark entwickelte Rückenflosse des Männchens und die grauen bis schwarzen Flossen beider Geschlechter.

◀144

145

Tuxedo-Xiphophorus [146] (*Xiphophorus helleri*)

Dieser Fisch ist auch eine Zuchtform mit schwarzen Körperseiten und herrlichem, grünsilbrigem Schimmer. Die Grundfärbung ist entweder graugrün, rot oder weiß.

146

Leierschwanz-Xiphophorus [147] (*Xiphophorus helleri*)

Dieser Fisch ist ein weiterer züchterischer Erfolg, bei dem die Männchen nicht nur den Schwertfortsatz im Schwanzflossenunterteil, sondern auch im Oberteil entwickelt haben, so daß diese Fische zwei Schwerter tragen. Die Schwanzflosse des Weibchens ist ebenso geformt wie die des Männchens. Auch die Rückenflosse trägt einen Schwertfortsatz. Lang sind gleichfalls die Bauchflossen. Das Begattungsorgan (Gonopodium) ist unverhältnismäßig lang, jedoch weich und zu biegsam, so daß die Männchen häufig paarungsunfähig sind. Der Züchter muß dann für künstliche Besamung sorgen, um die-

147

se wunderschöne Form nicht zu verlieren. Auch hier ist die Grundfarbe grün, rot oder weiß.

Außer diesen drei Farben und Zuchtformen wird noch eine ganze Reihe einzigartiger Formen (148) gezüchtet, die alle von dem heute in der Aquaristik praktisch vergessenen wildlebenden lebendgebärenden Fisch, dem grünen Schwertträger (X. *helleri*), abstammen. Seine Heimat ist Südmexiko und Guatemala. Die Weibchen werden bis 12 cm lang. Bei den kleineren Männchen ist durch die Verlängerung der unteren Schwanzflossenstrahlen ein schwarzgesäumter Schwertfortsatz ausgebildet. Die Grundfärbung der wildlebenden Form ist graugrün, mit braun-rötlichem Längsstreifen ungefähr in der Körperseitenmitte. Die Zucht in der Gefangenschaft ist einfach.

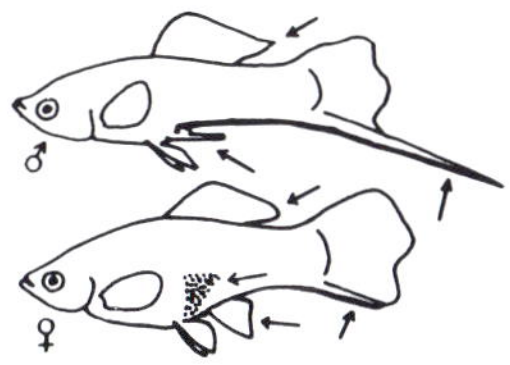

Xiphophorus helleri

Allerdings muß für genügend Raum und das ganze Jahr über für ausgiebige Nahrung gesorgt werden, damit die Jungfische noch vor Erreichnung der Geschlechtsreife voll ausgewachsen sind. Bei schlechten Lebensbedingungen bilden sich verkümmerte Zwergformen.

148

Meri-Gold-Platy [149] (*Xiphophorus variatus*)

Dieser Platy zählt zu den schönsten Zuchtformen dieser Art. Der vordere Körperteil des Männchens ist orangefarben mit zitronengelbem Rücken und ebensolcher Rückenflosse. Der Schwanzteil einschließlich der Schwanzflosse sind blutrot. Die Zucht dieser wärmeliebenden Fische bereitet viel Schwierigkeiten, da in den Würfen gewöhnlich 50% der Eier unbefruchtet sind.

Eine ähnliche und wohl schönste Mutation heißt „Papageien-Platy". Ihre Männchen sind wunderbar regenbogenfarben mit metallischem Glanz.

149

Roter Platy, Spiegelkärpfling [144, 150] (*Xiphophorus maculatus* var. *sanguinea*)

Der Rote Platy ist eine Zuchtform von leuchtendroter Farbe. Die Männchen sind blutrot. Hochgeschätzt sind an ihnen die porzellanweißen Flossensäume. Diese und die weiteren hier angeführten, vom wildlebenden Spiegelkärpfling (X. *maculatus*) ausgehenden Mutationen sind fast alle genetisch wenig stabil. Der Spiegelkärpfling stammt aus Mexiko und Guatemala. Das Weibchen ist größer als das Männchen und erreicht eine Länge von etwa 6 cm. Ihre ursprüngliche Färbung in der Natur ist braunoliv mit bläulichem Schimmer und zwei ovalen schwarzen Flecken auf dem Schwanzstiel nahe der Schwanzwurzel. Auf jeder Körperseite liegt hinter den Kiemendeckeln je ein Fleck. Im Aquarium gelang es, verschiedene Farb- und Formvarietäten zu züchten. Die meisten sind, besonders was die Wassertemperatur anbelangt, anspruchsvoller als die Wildform. Im wesentlichen sind die Platys bezüglich der Wasserzusammensetzung unempfindlich, solange nur der pH-Wert schwach alkalisch ist. Auch in der Nahrung sind sie nicht wählerisch. Sie fressen alles, was lebt, aber auch Trockenfutter, Pflanzenreste, Algen u.ä. Ein Wurf, der gewöhnlich in den frühen Morgenstunden erfolgt, erbringt über 100 Junge. Die Aufzucht ist einfach und sowohl mit Trocken- als auch mit Kunstfutter möglich. Die dafür geeignetste Temperatur ist 20–26 °C.

150

151

Komet-Platy [151] (*Xiphophorus maculatus*)

Der Komet-Platy ist eine beliebte, farbenprächtige Zuchtform von roter oder gelber Grundfärbung. Beide Geschlechter haben dieselbe charakteristische Zeichnung in Form zweier schwarzer Streifen, einen am oberen, den zweiten am unteren Rand der Schwanzflosse. Weder die wildlebenden Platys noch ihre Mutationen besitzen Schwertfortsätze, wodurch sie sich grundsätzlich von den Schwertträgern unterscheiden. Im Aquarium müssen die einzelnen Farbvarietäten gesondert gehalten werden, da sie sich miteinander gern kreuzen, was unerwünscht ist. Eine reinrassige Mutation herauszuzüchten, setzt jahrelange selektive Arbeit voraus.

Tuxedo-Platy [152] (*Xiphophorus maculatus*)

Der Tuxedo-Platy ist eine stattliche, hochrückige Varietät der gelben oder roten Grundausfärbung, die eigentlich nur noch am Bauch und an den Flossen zu erkennen ist. Die Körperseiten sind schwarz mit prachtvoll metallisch grünem Glanz. Diese Zuchtform ist widerstandsfähig und aus guten Zuchten auch genetisch stabil.

152

Kaliko-Platy [153] (*Xiphophorus maculatus*)

Der Kaliko-Platy ist eine stark variierende Zuchtform mit verschiedenen Grundfärbungen – von gelb über grünlich, bräunlich, ziegelrot bis rot – mit vielen dunkleren, unregelmäßig geformten und verteilten Flecken verschiedener Größe. Die Fische dieser Zuchtform sind gewöhnlich kleiner und schlanker als die übrigen Platys.

153

Im allgemeinen sind die Platys wegen ihrer Anspruchslosigkeit für Anfänger geeignet. Anderseits stellen sie aber auch ein ausgezeichnetes genetisches Material für fortgeschrittene Aquarianer dar, die sich intensiv mit genetischen Versuchen bzw. mit der Züchtung neuer sog. Hochzuchtformen sowie ihrer Erhaltung und Verbesserung für Ausstellungszwecke befassen. Das ist eine mühsame, langjährige, nicht immer von dem erhofften Erfolg gekrönte Arbeit. Ganz besondere Verdienste um die Kenntnis der Gesetzmäßigkeiten der Vererbung bei den Platys erwarb der amerikanische Genetiker M. Gordon, der dieser Problematik viele Jahre fleißiger Arbeit widmete, und dessen Laborergebnis z. B. der Wagtail-Platy ist. Desweiteren sind einfarbig gelbe, blaue und sogar ganz schwarze Platys bekannt.

154

Guppy oder **Millionenfisch** [154, 155] (*Poecilia reticulata*)

Dieser Fisch ist in Venezuela auf Barbados, auf Trinidad, in Nordbrasilien und in Guayana verbreitet. Das Weibchen ist 6 cm, das Männchen nur 3 cm lang. Der Guppy wurde zum ersten Mal im Jahr 1908 nach Europa importiert und entwickelte sich dank der ungeheueren Farb- und Formvariabilität zu einem ausgezeichneten Objekt für genetische Beobachtungen und Versuche. Den Aquarianern gelang es, viele Mutationen heranzuziehen und mit ihnen auf Ausstellungen Erfolge zu erzielen. Die Bewertung wird nach internationalen Normen durchgeführt. Den meisten Veränderungen sind die Rücken- und die Schwanzflossen der Männchen unterworfen. Hier sind elf Grundtypen bekannt. In letzter Zeit wurden auch Weibchen mit prachtvoll gefärbten, stark entwickelten Flossen gezüchtet (155). Die Dauer der Schwangerschaft beträgt bei einer Wassertemperatur von 22–25 °C etwa 30 Tage. Die trächtigen Weibchen haben einen dunklen Trächtigkeitsfleck auf der hinteren Bauchhälfte. Eine Besamung durch das Männchen genügt für 2 bis 3 und auch mehr Würfe. Die Männchen sind ausgesprochen polygame, sehr aktive Partner.

Die Geburt dauert etwa 2 Stunden und ist von der Wassertemperatur sowie von der chemischen Zusammensetzung, der Frische des Wassers sowie von dem Milieu und insbesondere von der Fischgesellschaft im Becken abhängig. Der Mutterinstinkt vermag die Nachkommen so weit zu schützen, daß das Weibchen den Wurf um mehrere Stunden verschieben oder ihn verlangsamen kann. Die Zahl der bei einer Geburt gezeitigten Jungen beträgt bis 250 Stück.

155

Segelkärpfling [156] (*Poecilia velifera*)

Diese Art ist an der Küste und in den Flußmündungen von Yukatan verbreitet. Im Aquarium erreicht sie eine Länge von 12 cm, in der Natur wird sie bis 15 cm lang. Die Männchen haben eine auffallend stark entwickelte Rückenflosse. In Gefangenschaft wurden viele sehr schöne Farb- und Formmutationen sowie Kreuzungen mit dem Breit-

156

flossenkärpfling *P. latipinna* und mit dem Spitzmaulkärpfling *P. sphenops* gezüchtet. Zu den bekanntesten zählen u. a. die „Schwarze Mollienesia", die „Leierschwanzmollienesia" und die „Schleiermollienesia". Haltung und Zucht sind in der Gefangenschaft wegen der genetischen Unbeständigkeit und der hohen Ansprüche bezüglich guter Lebens- und Nahrungsbedingungen, vor allem wegen dauernder pflanzlicher Beikost und der hohen Wassertemperatur von ungefähr 28 °C, schwierig.

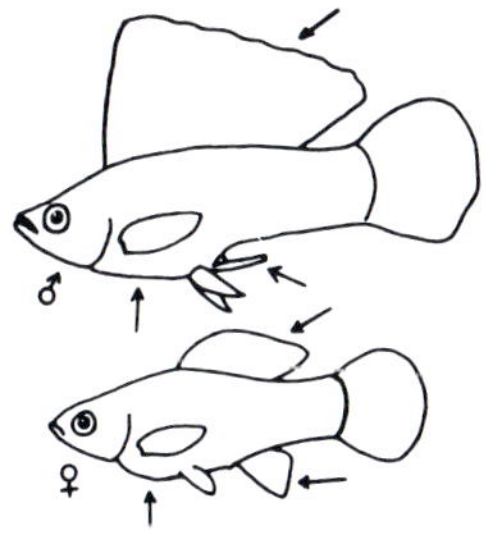

Poecilia velifera

157

Hechtkärpfling [157] (*Belonesox belizanus*)

Dieser Fisch bewohnt den östlichen Teil Mittelamerikas. Er ist der größte lebendgebärende Fisch aus der Familie Poeciliidae. Das Weibchen wird bis 20 cm, das Männchen nur etwa halb so lang. Der Fisch ist räuberisch und für Gesellschaftsbecken gänzlich ungeeignet. Die Fütterung bereitet Schwierigkeiten. Erwachsene Fische brauchen große Bissen, vor allem kleine Fische, Libellenlarven, Kaulquappen und Würmer aller Art. Exemplare von 10–20 cm schlucken leicht Fische in der Größe eines erwachsenen Guppy- oder Platy-Weibchens. Sie haben einen beweglichen Oberkiefer, so daß ihnen auch große Beutestücke keine Schwierigkeiten bereiten. Die Wassertemperatur soll zwischen 25 und 30 °C liegen. Interessant ist der Farbwechsel zwischen Tag und Nacht. In der Nacht sind die Fische weit dunkler als bei Tag. Vor der Paarung wendet und buckelt sich das Männchen mit nach vorn gerichtetem Gonopodium ganz eigenartig. Ein Wurf ergibt bis hundert 2,5 bis 3 cm lange Junge, die sich sofort von Wasserflöhen und Enchyträen ernähren. Häufig frißt das Weibchen seine Jungen auf oder verfolgt sie brutal.

158

Die goldene Zuchtform
des **Segelflossers** [158] (*Pterophyllum scalare*)
ist in einem mit Grünpflanzen reich
bewachsenen Aquarium besonders effektvoll.

Kapitel 6

UNVERTRÄGLICH, DOCH MIT AUSGEPRÄGTEM SINN FÜR DAS FAMILIENLEBEN

Die Barschartigen (Perciformes) repräsentieren die riesige Gruppe der im Meer und in Süßgewässern lebenden Knochenfische. Ihre Vertreter besitzen gewöhnlich zwei Rükkenflossen. Die erste nur mit harten stachelartigen Flossenstrahlen, die zweite weist weiche, verzweigte Strahlen auf. Die Bauchflossen sind unter den Brustflossen in Kehllage angeordnet. Die Schuppen sind gewöhnlich ctenoid. Diese Ordnung besteht aus einer großen Zahl von Familien. Uns werden nur drei von ihnen interessieren, bei denen die Nachkommenbetreuung auffallend hochentwickelt ist: die Buntbarsche (Cichlidae), die Nanderbarsche (Nandidae) und die Sonnenbarsche (Centrarchidae), die in Nord-, Mittel- und Südamerika, in Afrika und in Südostasien verbreitet sind. Sie legen ihre Eier entweder auf die breiten Blätter der verschiedenen Pflanzenarten, in Gruben im Sand oder auch in Höhlen. Die Betreuung der Eier und der Jungfische übernimmt entweder das Männchen oder das Weibchen; gelegentlich wechseln sich beide Elterntiere in der Pflege ab. Eine besondere Art der Betreuung ist bei den Maulbrütern entwickelt, wo der untere Teil des Mundes in eine Art Versteck für die Eier und als Zufluchtsstätte für die Jungfische während der ersten Tage ihres Lebens umgewandelt ist.

159

Schwanzfleck-Buntbarsch [159, 160] (*Cichlasoma spilurum*)

Dieser Fisch lebt in Guatemala. Das Männchen (160) ist größer als das Weibchen und erreicht eine Länge von 10 cm. Einige Autoren sind der Ansicht, daß das Ablaichen in Höhlen, das für diese Art typisch ist, für die Vertreter der Gattung *Cichlasoma* eine Ausnahme darstellt. Der nachfolgend beschriebene Grünflossen-Buntbarsch zieht jedoch gleichfalls das Höhlenlaichen vor, wenn ihm die Möglichkeit geboten wird, den Laichort zu wählen. Die Jungfische des Schwanzfleck-Buntbarsches schlüpfen bei einer Wassertemperatur von 25–26 °C nach weiteren drei Tagen und werden nach drei Tagen vom Weibchen im Maul in eine im Sand gewühlte Grube getragen. Nach weiteren drei Tagen schwimmen die Jungfische frei, nehmen das lebende Staubfutter an und wachsen schnell. Die erwachsenen Fische sind friedliebend und ruhig.

160

161

Grünflossen-Buntbarsch [161, 162, 163] (*Cichlasoma nigrofasciatum*)

Dieser Fisch stammt ebenfalls aus Guatemala, aus den Seen Atitlan und Amatitlan. Er ist kleiner als der Schwanzfleck-Buntbarsch. Die Männchen sind größer als die Weibchen und werden etwa 8 cm lang. Das Männchen trägt eine besonders langgezogene Rücken- und Afterflosse. Das Weibchen ist das ganze Leben am hinteren Teil des Bauches glitzernd bronzefarben. Im Aquarium wurde eine xanthoristische Form mit schwarzen Augen gezüchtet. Diese milchigweiß gefärbte Mutation hebt sich im dunklen Aquarium zwischen den grünen Pflanzen schön ab. Auf dem Bild (161) wird ein Weibchen mit bronzefarbenem Bauch gezeigt.

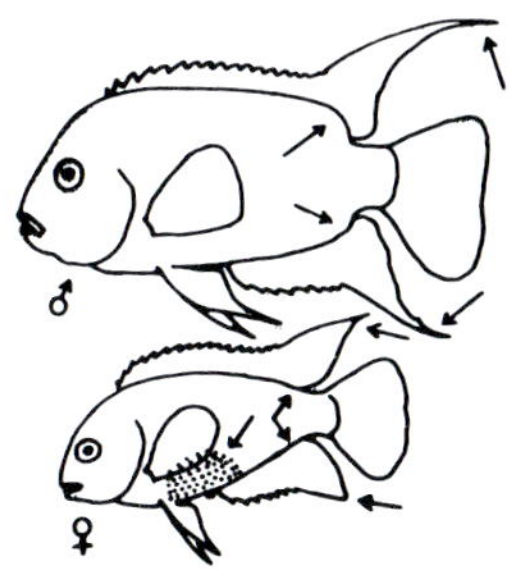

Cichlasoma nigrofasciatum

Die ursprüngliche, sehr bunte Wildform des Grünflossen-Buntbarsches ist sowohl gegenüber den Artgenossen, als auch

162

gegenüber den übrigen Fischen sehr aggressiv. Im Aquarium ist er fleißig damit beschäftigt, den Boden gründlich durchzugraben und umzuformen. Die Pflanzen ruiniert er nicht nur durch das Graben, sondern rupft und beißt auch noch an ihnen herum. Die Fische können mit grünen Kopfsalatblättern, angeweichten Haferflocken, Algen u. ä. zugefüttert werden, doch darf eine reichhaltige Fleischhauptnahrung nicht fehlen. Das Paar laicht in Höhlen aus Steinen oder in einem liegenden Blumentopf, nimmt aber eventuell auch mit einem flachen Stein vorlieb. Sofort nach dem Schlüpfen übertragen die Eltern ihre Sprößlinge in kurz zuvor an verschiedenen Stellen des Beckens im Sand ausgehöhlte Gruben oder zwischen Steine. Diese Verstecke werden von den Eltern um so häufiger gewechselt, je mehr sie gestört werden, oder wenn sie annehmen, daß ihr Versteck entdeckt wurde. Für den zufälligen Betrachter geht diese Übertragung ziemlich raffiniert und geheimnisvoll vonstatten. Der eine Fisch ist bemüht, die Aufmerksamkeit dadurch auf sich zu ziehen, daß er sich mit einer ganz anderen, jedoch auffallenden Tätigkeit befaßt. Er gräbt z. B. eine Grube im Sand an einer gut sichtbaren Stelle. Der zweite Fisch, gleichgültig ob Männchen oder Weibchen, drückt sich oder kriecht vorsichtig zwischen Steinen und Wurzeln am Boden entlang und trägt die Jungfische an einen anderen Ort. Bei direktem Eindringen des Angreifers in die Nähe der Eier oder Jungfische schützen die Eltern ihre Nachkommenschaft sehr mutig. Auf Bild 163 greifen sie unerschrocken den Finger des Züchters an. Die Zuchtbedingungen gleichen jenen des Schwanzfleck-Buntbarsches.

163

Eine **Kreuzung** zwischen dem **Grünflossen-Buntbarsch** und dem **Schwanzfleck-Buntbarsch** [164] (*Cichlasoma nigrofasciatum* x *C. spilurum*)

Dieser Hybrid mit fruchtbaren Tochtergenerationen ist schon mehrere Jahre lang aus aquaristischen Zuchten bekannt. Die Ausfärbung ist intermediär und gut von den beiden Ausgangsarten unterscheidbar. Die Hybriden von *C. spilurum* und der xanthoristischen Form *C. nigrofasciatum* sind sehr unverträglich und ihre Nachkommen erreichen niemals das Alter der Geschlechtsreife. Das Paar laicht zwar ab, und die Embryonen entwickeln sich bis zum Freischwimmen normal, doch die Jungfische sind gewöhnlich nicht imstande, die Schwimmblase zu füllen. Sie leiden entweder an konstitutioneller Bauchwassersucht und gehen bald ein, oder bewegen sich einige Tage schwerfällig springend auf dem Boden (sog. Bauchrutscher). Sie nehmen sogar manchmal Nahrung an, aber später sterben sie. Bei diesem Hybridtyp laichen häufig zwei Weibchen zusammen ab, wobei sich an einem Tag das eine Weibchen, am zweiten Tag das andere Weibchen wie ein Männchen verhält. Die beiden Weibchen legen zwar viele Eier, doch ist die Hoffnung des Züchters umsonst. Vor dem Laichen kämpfen die Weibchen häufig untereinander mit charakteristisch verbissenen Mäulern (164).

164

Flaggenbuntbarsch [165] (*Cichlasoma festivum*)

Dieser Fisch bewohnt die Gewässer Westguayanas und das Stromgebiet des Amazonas, häufig gemeinsam mit dem Segelflosser. Das größere Männchen erreicht eine Länge von etwa 15 cm. Die Geschlechtsmerkmale sind nur in der Paarungszeit sichtbar, wo das Männchen vom Weibchen nach der Form der Legeröhre leicht unterscheidbar ist. Die Legeröhre des Männchens ist konisch, am Ende zugespitzt, die des Weibchens ist walzenförmig. Nach den Angaben aus der Fachliteratur soll dieser Fisch ein ruhiger, ziemlich scheuer Geselle sein, der die Wasserpflanzen nicht vernichtet. In der Laichzeit überzeugt er uns jedoch rasch von Gegenteil, denn die Zuchtfische verwüsten in kurzer Zeit alles, was überhaupt möglich ist, von den Pflanzen bleiben nur kümmerliche Reste übrig. Bei der Vorbereitung des Laichplatzes verschiebt das Zuchtpaar häufig ziemlich umfangreiche Steine und Holzstückchen. Der Sand verwandelt sich allmählich in verschieden hohe Häufchen oder Gruben bis zum gläsernen Boden. Auf diese stürmische Vorbereitung folgt gewöhnlich ein relativ ruhiges Ablaichen auf einen flachen Stein oder an einen Blumentopf. Beide Eltern betreuen ihre Nachkommenschaft von Anfang an mustergültig. Die Jungfische fressen nach dem Freischwimmen feinstes Staubfutter, wie Rotatorien. Wird mit größeren Bissen gefüttert, z. B. mit den *Cyclops*-Nauplien, dann gehen 90% der Jungfische in 2–3 Tagen ein. Die Jungfische und die erwachsenen Fische sind sehr wärmeliebend und müssen deshalb in 25–28 °C warmem Wasser gehalten werden.

165

Gelbbrauner Diskus [166] (*Symphysodon aequifasciatus axelrodi*)

Dieser Fisch lebt in den Gewässern Brasiliens und wird 12–15 cm lang. Die Haltung und Zucht in der Gefangenschaft sind schwierig. Die jungen und die erwachsenen Exemplare stellen nicht nur hohe Ansprüche an die Wasserqualität und reines verschiedenartiges Futter, sondern auch an die Gesellschaft, in der sie leben. Am besten fühlen sie sich, wenn sie von anderen Fischarten gesondert, also in Monokultur, gehalten werden. Sie leiden häufig an Krankheiten, die bisher noch nicht erfolgreich bekämpft werden können. Die Jungfische ernähren sich in der ersten Zeit nach dem Freischwimmen von einem Hautsekret der Eltern und gehen erst später auf normale Nahrung, lebendes Staubfutter, über. Wenn die Eltern das Sekret nicht rechtzeitig auszuscheiden beginnen, gehen die Jungfische ein.

In der Gefangenschaft gelang es sogar, einige Arten und Unterarten des Diskusfische zu kreuzen. Es wurde eine sehr widerstandsfähige Nachkommenschaft durch Kreu-

166

167

zung des Gelbbraunen Diskus (*S. aequifasciatus axelrodi*) mit dem Echten oder Pompadour-Diskus (*S. discus*) erzielt.

Blauer Diskus [167] (*Symphysodon aequifasciatus haraldi*)

Dieser Diskusfisch ist aus dem Stromgebiet des Amazonas sowie aus dem Gebiet um Letitia und Benjamin Constant bekannt. Außer an der Körperseitenmitte trägt der ganze Fischkörper in der Reife glitzerndblaue, wellenförmige Längsstreifen, die sich sogar über die Rückenflosse und Afterflosse hinziehen. Ebenso geschmückt ist auch der Kopf. Die Regenbogenhaut des Auges ist leuchtendrot. In Europa wird der Blaue Diskus bereits mehrere Jahre lang mit Erfolg gehalten und gezüchtet. Außer den Ausgangsformen des Echten Diskus (*S. discus*) und des Grünen Diskus (*S. aequifasciatus*) sowie deren Unterarten, dem Braunen Diskus (*S. ae. axelrodi*) und dem Blauen Diskus (*S. ae. haraldi*), entwickeln sich in letzter Zeit weiterhin in der Natur gefundene, aber auch künstlich gezüchtete Rassen zu richtigen Verkaufsschlagern, die unter Handelsnamen, wie „Royal Blue Discus", „Cobalt Blue Discus" u.ä., angeboten werden.

Tüpfelbuntbarsch [168] (*Aequidens curviceps*)

Dieser Fisch stammt aus dem Stromgebiet des Amazonas und wird etwa 8 cm lang. Er kann, außer zur Laichzeit, in einem Gesellschaftsbecken gehalten werden. Junge Zuchtpaare fressen nach 1 bis 2 Tagen gewöhnlich die Eier ihres ersten Ablaichens. Die weitere Eiablage verläuft dann normal, und die Eltern kümmern sich sowohl um die Eier als auch um die ausgeschlüpften Jungfische mustergültig. Der Tüpfelbuntbarsch legt seine Eier auf einem flachen Stein ab. Vorher jedoch putzen ihn beide Elternfische mit den Mäulern sorgfältig rein. Das Weibchen legt die Eier ohne Beisoin des Männchens und dieses befruchtet die Eier unabhängig davon in kurzen Zeitabständen. Das Weibchen hat eine breite röhrenförmige bzw. zylindrische Legeröhre, das Männchen eine konische, am Ende zugespitzte Urogenitalpapille. Während das Weibchen die Eier legt, wird es vom Männchen umkreist, um unerwünschten Gästen den Zutritt zu verwehren. Die Aufzucht gelingt am besten bei einer Wassertemperatur von 26 °C in einem mittelgroßen Becken mit Sandboden. In diesen Sand graben beide Elternfische für ihre Jungen Gruben und beschädigen dabei manchmal die Pflanzen. Jungtiere und erwachsene Fische benötigen ihr ganzes Leben hindurch ausschließlich entsprechend große Lebendnahrung.

Roter Buntbarsch [169] (*Hemichromis bimaculatus*)

Der Rote Buntbarsch ist ein im Flußgebiet des Nil, Kongo und Niger häufig vertretener Fisch. Er lebt in Süßgewässern ebenso wie in Brackgewässern und wird etwa 15 cm lang. Das Männchen ist größer als das Weibchen. Der Rücken der Fische ist olivgrün bis graubraun, die Körperseiten sind gelbgrün, der Bauch ist gelblich. Während der Laichzeit ist das Männchen sattrot gefärbt mit kleinen, über den ganzen Körper verteilten, grünglitzernden Pünktchen. Die vordere Körperhälfte einiger Weibchen ist schwefelgelb, die hintere rot. Die Weibchen anderer Populationen sind ganz hellrot gefärbt (169).

169

Borellis Zwergbuntbarsch [170] (*Apistogramma borellii*)

Der Borellis Zwergbuntbarsch ist ein in Südamerika im Mato-Grosso und im Flußgebiet des Rio Paraguay, nach Süden bis nach Argentinien hin verbreiteter Fisch, der etwa 7,5 cm lang wird. Das Männchen ist größer als das Weibchen. Selbst bei der Haltung erwachsener Tiere sollte die Wassertemperatur nicht unter 22 °C sinken. In kleineren Aquarien laichen die Fische in Paaren, in großen Behältern und in der Natur offensichtlich mehrere Fische gleichzeitig. Junge Männchen widmen sich immer nur einem einzigen Weibchen, während ältere Männchen mit mehreren Weibchen ablaichen und ein mehreren Paaren gehöriges Nestrevier für sich einnehmen und verteidigen.

Nach Wickler betrachten die alten polygamen Männchen die jungen Männchen nicht als ihre Rivalen, sondern verteidigen ihren Nistbereich hauptsächlich gegen Angriffe von außen. Die Zuchtpaare können in Intervallen von 3–4 Wochen zum Laichen angesetzt werden.

Zucht und Aufzucht der Jungtiere sind ziemlich schwierig. Gelegentlich fressen junge Eltern die ersten Eigelege auf. Die Jungfische schlüpfen bei einer Temperatur um 26 °C nach 2–4 Tagen, in weiteren 5 bis 6 Tagen verzehren sie ihren Nährdotter und schwimmen frei. Die dann darauffolgenden 2–4 Wochen halten sie sich um das Weibchen im Schwarm auf. Zuerst müssen die Jungfische mit kleiner Lebendnahrung, wie Rädertierchen, später mit *Cyclops*-Nauplien sowie mit kleinen Hüpferlingen und Wasserflöhen, gefüttert werden. Sie wachsen schnell.

170

Gelber Zwergbuntbarsch [171] (*Apistogramma reitzigi*)

Dieser Zwergbuntbarsch lebt in den Gewässern des Flußgebietes des Paraguay-Mittellaufes. Er wird nur etwa 5 cm lang.

Das Männchen ist größer als das Weibchen und hat eine riesige Rücken- und Afterflosse. Der Rücken der Fische ist grüngrau, die Flanken sind graugelb, der Bauch hellgelb. Wenn sich die Fischchen wohlfühlen, erscheint auf ihren Körperseiten ein bläulicher Schimmer.

171

172

Der Segelflosser oder Skalar [158, 172] (*Pterophyllum scalare*)

Dieser Fisch lebt im mittleren Einzugsgebiet des Amazonas und in dessen Nebenflüssen. Er erreicht eine Höhe von bis zu 26 cm bei einer Länge von nur etwa 15 cm. Deshalb benötigt er ein hohes Becken und außerdem eine verhältnismäßig hohe Dauertemperatur des Wassers von minimal 22–24 °C (bzw. zur Zucht und Aufzucht der Jungtiere von 27–32 °C). Der Skalar frißt Daphnien, Rote Mückenlarven (*Chironomus*), *Tubifex*-Würmer aber auch Fischbrut. Im Aquarium werden viele Mutationen nachgezogen. Sehr geschätzt sind schwarze, Schwarzschleier-, Rauchschleier-, Normalschleier-, Albino-, xanthorische, silberne, goldene (158), orangefarbene und verschieden marmorierte (172) Mutanten.

173

Teufelsangel oder **Erdfresser** [173] (*Geophagus jurupari*)

Dieser Fisch lebt im Stromgebiet des Amazonas und in Guayana in Gewässern mit Sandboden. Er tritt immer im Schwarm auf und wird bis 23 cm lang. Trotz seines furchterregenden Aussehens ist er friedlich. Er gräbt nicht und zerstört gut eingewurzelte Pflanzen besonders dann nicht, wenn sie mit Steinen umlegt oder in Schalen eingesetzt sind. In seiner Heimat und im Aquarium frißt er ständig Detritus vom Boden und sucht aus ihm alles Verdauliche heraus.

Als Nahrung nimmt er am liebsten kleinere Happen, Wasserflöhe, *Tubifex*-Würmer und Rote Mückenlarven. Auch zum Überwintern soll die Temperatur im Becken nicht unter 22 °C sinken. Der Erdfresser ist wärmeliebend und fühlt sich bei 22–28 °C am wohlsten.

Schmetterlingsbuntbarsch [174, 175] (*Papiliochromis ramirezi*)

Der Schmetterlingsbuntbarsch ist ein beliebter Aquarienfisch aus den Flüssen Rio Apure und Rio Meta in Venezuela. Das Männchen ist größer als das Weibchen und wird etwa 7 cm lang. Der Körper der Fischchen ist im Vergleich zu den Arten der Gattung *Apistogramma* hoch und an den Seiten stark abgeflacht. *P. ramirezi* repräsentiert eine Übergangsform zur Gattung *Geophagus*, mit der sie Struktur und Eibau gemeinsam hat, während die anderen morphologischen Körpermerkmale an die Gattung *Apistogramma* erinnern. Der Hauptunterschied zwischen den Gattungen *Apistogramma* und *Papiliochromis* besteht in der Lage und Form der Seitenlinie. Die Grundfärbung des Schmetterlingsbuntbarsches ist ein leichtes Purpurrot, das sich je nach dem Lichteinfal ständig ändert. Körperflanken und Flossen sind mit grün- bis blauglitzernden Tupfen bedeckt. Der obere Teil der Iris ist leuchtend hellblau, der Vorderteil der Rückenflosse tiefschwarz. Die ersten drei harten Rückenflossenstrahlen des Männchens sind deutlich verlängert. Zucht und Haltung sind ähnlich wie bei den Arten der Gattung *Apistogramma*.

Papiliochromis ramirezi

Am liebsten laicht das Paar auf einem Stein ab, doch werden auch Gruben im Sandboden gelegentlich nicht verschmäht. Beide Elternfische wechseln sich in der Brutpflege ab. Ein Ablaichen erbringt 150–200 Eier.

P. ramirezi ist ein schöner, aber leider kurzlebiger Fisch, der kaum zwei Jahre alt wird. Er benötigt reines Wasser und ist anfällig gegen viele unheilbare Krankheiten, wie z.B. Bauchwassersucht und Fischtuberkulose. In letzter Zeit fand seine albinotische Zuchtform (175) viel Beachtung, die die gleichen Ansprüche stellt wie die Ausgangsform.

174

175

Blaubarsch [176] (*Badis badis*)

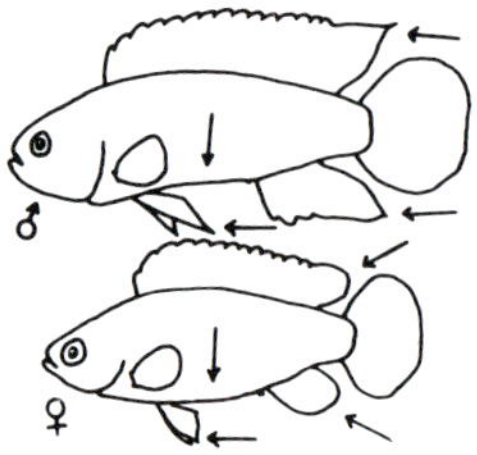

Badis badis

Dieser Fisch stammt aus den stehenden Gewässern Indiens und wird etwa 8 cm lang. Das Männchen ist gewöhnlich größer als das Weibchen und hat einen bogenförmig eingefallenen Bauch. Der Mund der Barsche ist relativ klein. Aus der Familie der Nanderbarsche (Nandidae) eignet sich diese Art als einzige für Gesellschaftsaquarien, denn sie ist ruhig und nicht aggressiv. Sie benötigt eine Wassertemperatur von 26–28 °C und sucht gern Verstecke unter Steinen, Baumwurzeln oder wenigstens im Pflanzendickicht auf. Gefüttert werden kann mit jeder Art von Lebendnahrung. Während der Laichzeit nehmen die Männchen oft Imponierstellungen mit ausgebreiteten Flossen und gesträubter Rückenflosse ein. Die Eier legt das Paar in eine Höhle zwischen Steinen oder in einen liegenden Blumentopf ab. Die Brutpflege übernimmt das Männchen.

176

Pfauenaugenbuntbarsch [177] (*Astronotus ocellatus*)

Diese Art ist ein großer Cichlide aus den Gewässern des Amazonas, Paraná, Rio Paraguay und Rio Negro. Er wird etwa 35 cm lang. Sehr schön ausgefärbt sind die Jungfische, schokoladenbraun in verschiedenen Schattierungen marmoriert mit unregelmäßigen, schwarzgesäumten Flecken. Im Alter und mit zunehmender Körpergröße macht die bunte Färbung einem Graubraun Platz. Mit Rücksicht auf die Größe der

Fische muß auch das Aquarium geräumig genug sein. Der Pfauenaugenbuntbarsch ist unverträglich. Er benötigt täglich größere Happen, wie Mehlwürmer, Heimchen, Regenwürmer, auch Streifen mageren Rindfleisches, Pferdefleisches oder Geflügels. Aus einem Gelege schlüpfen über 1000 Junge, die sich in den ersten Tagen am Körper ihrer Eltern festhaften, wo sie nicht nur Schutz suchen, sondern wahrscheinlich auch ihre erste Nahrung in Form eines Hautsekrets finden, wie es von den Diskusfischen bekannt ist.

Als Folge des großen Verbreitungsgebietes ist die Ausfärbung der Fische aus den verschiedenen Gegenden sehr unterschiedlich. In den letzten Jahren wurde im Aquarium eine wunderschöne rote Mutation gezüchtet, die den Namen „Red Oscar“ trägt und viel Beachtung in der aquaristischen Öffentlichkeit findet. Die schönste Färbung zeigen allerdings erst die erwachsenen Fische.

178

Gemeiner Sonnenbarsch [178] (*Lepomis gibbosus*)

Dieser Fisch aus der Familie der Sonnenbarsche oder Sonnenfische (Centrarchidae) ist in Nordamerika von Dakota bis zum Golf von Mexiko verbreitet. In der Natur wird er ungefähr 20 cm lang, im Aquarium gewöhnlich nur 10–12 cm. Er wurde am Ende des vergangenen Jahrhunderts nach Europa eingeführt und nicht nur in Aquarien, sondern auch in den Teichen und in freien Gewässern – z.B. im Flußgebiet der Donau und der Elbe – heimisch. Der Sonnenbarsch baut gewöhnlich in sandigem Grund große, schüsselförmige Laichgruben. In den Wintermonaten verträgt er ausgezeichnet ungeheizte Aquarien. Er nimmt nur Lebendnahrung an. Zucht und Haltung sind einfach und am erfolgreichsten in Gartenteichen.

179

Westafrikanischer Buntbarsch [179] *(Tilapia mariae)*

Dieser Fisch ist vor allem im Unterlauf des Niger und in Lagos verbreitet. Er erreicht eine Länge von etwa 15 cm. In der Natur ernährt er sich ausschließlich von Pflanzen und weidet die Wasserpflanzen ab. Er laicht in Höhlen, die sich die Weibchen durch Untergraben von Steinen auf dem Sandboden herstellen. Etwa nach zwei Tagen reißt das Weibchen die Eier mit dem Mund von der Höhlendecke los und überträgt sie in eine vorher ausgehobene Sandgrube. Bald darauf schlüpfen die Jungfische, die nach dem Freischwimmen tierische Staubnahrung annehmen. Die notwendige Temperatur liegt bei 25 bis 27 °C. Auf dem Bild 179 ist ein Jungtier, Gesamtlänge etwa 5 cm.

180

Gabun-Buntbarsch [180] *(Chromidotilapia kingsleyae)*

Dieser Buntbarsch stammt aus Südgabun und wird etwa 25 cm lang. Die Eier entwickeln sich im Maul bzw. im Kehlsack des Männchens; obgleich er Günthers Buntbarsch auffallend ähnelt, hält ihn der bekannte Cichliden-Fachmann Thys van den Audenauerde für eine selbständige Art. Auf Bild 180 ein Weibchen.

181

182

Regenbogenbuntbarsch [181, 182, 183] (*Herotilapia multispinosa*)

Dieser Fisch stammt aus Mittelamerika, wo er im Managua-See in Nicaragua lebt, doch ist er auch in den kleinen Flüssen Guatemalas, Panamas und Costa Ricas bekannt. Das etwa 12 cm lange Männchen hat einen geraden Bauch, bei dem kleineren Weibchen ist er hervorgewölbt. Während der Laichzeit, die 3–4 Monate dauert, legen die Fische 800 bis 1000 Eier in 3–4 wöchigen Intervallen. Die Eier sind orangefarben, fest und lassen sich, wenn sie auf das Glas abgelaicht wurden, mit einer Rasierklinge abkratzen. Sie entwickeln sich, in ein Vollglasaquarium übertragen, ohne größere Verluste. Das Ablaichen nach den Hochzeitsspielen verläuft am besten bei einer Temperatur von 24–27 °C. Zum Legen der Eier suchen die Zuchtpaare dunklere Orte im Becken auf. Sie kleben sie auf Steine, in Blumentöpfe, in Kokosnußschalen, auf Pflanzenblätter oder auch an die Glasscheiben des Aquariums unmittelbar über dem Boden. Bild 183 zeigt ein Männchen über einem Eigelege. Das Wasser soll schwach sauer (pH = 6) und hart sein, bis 15° dGH. Die Eltern säubern die Eier unaufhörlich mit ihrem Mund und befächeln sie mit ihren Flossen. Die Jungfische schlüpfen nach fünf Tagen und werden von den Eltern in eine Grube im Sand getragen. Nach weiteren fünf Tagen schwimmen die Jungfische frei. Zu dieser Zeit können die Elternfische abgefangen und die Jungfische mit Staubnahrung gefüttert werden.

Wenn für absolute Sauberkeit des Wassers gesorgt wird, wachsen sie schnell bis zu einer Größe von 1,5 cm. Dann verlangsamt sich das Wachstum deutlich. Die charakteristische Ausfärbung (182) erscheint erst bei einer Länge von etwa 5 cm, was einem Alter von einem halben Jahr entspricht. Im Alter von ungefähr 9 Monaten sind sie geschlechtsreif. Ausgeprägte Querstreifen signalisieren eine Verschlechterung des Gesundheitszustandes, die eintritt, wenn die Fische z.B. längere Zeit bei zu niedriger Wassertemperatur – d. h. unter 20 °C – gehalten wurden.

183

Fünffleckbuntbarsch [184] (*Thysia ansorgei*)

Diese Buntbarschart kommt in den Süßgewässern sowie in den Brackgewässern Nigerias, Ghanas und der Elfenbeinküste häufig vor. Das bis 13 cm lange Männchen ist größer als das Weibchen. Am liebsten laichen sie in liegenden Blumentöpfen, auf überhängenden Schieferplatten, in Kokosnußschalen u.ä. Bei der Brutpflege teilt sich das Paar die Arbeit. Die großen Eier sind hellbraun gefärbt. Nach drei Tagen schlüpfen die Jungfische und nach sieben Tagen schwimmen sie frei. Die Wassertemperatur soll 26 °C betragen. Die Lebendnahrung kann den Fischen mit Kunstnahrung gemischt gereicht werden.

In der aquaristischen Literatur sind noch die Bezeichnungen *Pelmatochromis annectens* und *Pelmatochromis arnoldi* anzutreffen, doch sind diese nur ungültige (veraltete) Synonyme für diese Art. Auf Bild 184 legt das Weibchen die Eier.

184

Purpurprachtbarsch [185, 186, 187] (*Pelvicachromis pulcher*)

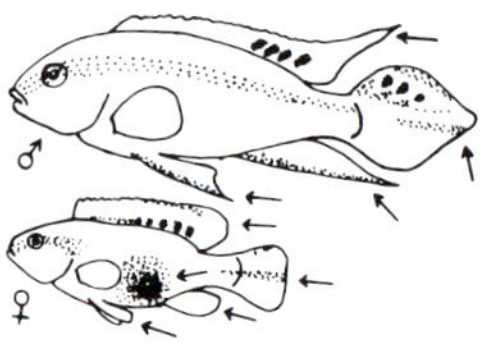

Pelvicachromis pulcher

Dieser Fisch besiedelt die tropischen Gewässer Westafrikas und die Nigermündung. Das Männchen wird 10 cm lang, das Weibchen nur 7 cm. Zur Zucht ist eine Dauertemperatur von 25 bis 28 °C erforderlich. Die Eier betreuen beide Eltern. Im Aquarium legt das Weibchen die rotbraunen Eier am liebsten in Verstecke, z.B. in einen liegenden Blumentopf. Zur rationellen Zucht müssen die Eier rechtzeitig in ein schwach durchlüftetes Vollglasaquarium übertragen werden.

Die Jungfische schlüpfen nach 2–3 Tagen und schwimmen nach weiteren 4–5 Tagen frei. Wenn die Fische im Aquarium

185

nicht genügend Verstecke haben, höhlen sie Vertiefungen unter Steinen und zwischen den Wasserpflanzenwurzeln aus. Untereinander sind sie unverträglich. Am günstigsten ist es, die einzelnen Paare voneinander abgesondert zu halten. Die Art *P. pulcher* bildet zwei farbige Varietäten, die den Aquarianern unter dem Namen *P. kribensis* und *P. aureocephalus* bekannt sind. Das Geschlecht ist leicht erkennbar. Die Schwanzflossen des Männchens sind lanzenförmig, die des Weibchens am hinteren Rand fast gerade abgehackt.

Sehr gern gehalten werden auch weitere, gleichfalls schön ausgefärbte Arten der Gattung *Pelvicachromis*, wie der Augenfleck-Prachtbarsch (*P. subocellatus*) und der Gestreifte Prachtbarsch (*P. taeniatus*). Zucht und Haltung sind bei allen Arten im wesentlichen gleich.

186

187

Punktierter Buntbarsch [188] (*Etroplus maculatus*)

Dieser Fisch lebt im Süßwasser und den Brackgewässern Vorderindiens und Sri Lankas. Er erreicht eine Länge von etwa 8 cm. Im Aquarium ist er gegen jeden Wasserwechsel sehr empfindlich. Er leidet unter äußerlichem Parasitenbefall, besonders unter der Grießkornkrankheit (*Ichthyophthirius multifiliis*). Die Behandlung ist schwierig, denn der Punktierte Buntbarsch verträgt Chemikalien und Medikamente sehr schlecht. Bei starkem Befall geht der Fisch bald ein. Widerstandsfähiger ist er nur im Wasser mit Meersalzzusatz in einer Menge von 1–2 Teelöffeln auf 10 Liter Wasser. Bei erwachsenen Fischen sollte die Wassertemperatur nie unter 25 °C und bei den Jungfischen nie unter 27 °C sinken. Der Fisch pflanzt sich wie alle lithophilen Cichliden fort.

Er legt die Eier auf Steinen ab. Um das Gelege kümmern sich Männchen und Weibchen gemeinsam. Die Jungfische heften sich nach dem Schlüpfen, ähnlich wie die Diskusbrut, für eine Zeit an den Eltern an, doch können sie auch von ihren Eltern getrennt aufgezogen werden, wenn sie mit entsprechend kleiner Staubnahrung gefüttert werden. Sie sind also nicht ausschließlich auf das Hautsekret der Eltern angewiesen. Die enge Bindung an die Mutter bleibt gewöhnlich lange bestehen.

In Asien sind die Cichliden nur durch die Gattung *Etroplus* mit zwei Arten vertreten. Die zweite Art, der Gestreifte Buntbarsch (*E. suratensis*), ist den Aquarianern gleichfalls gut bekannt, denn er wird in Europa schon seit 1905 gehalten. Er stammt aus den Brackgewässern Sri Lankas.

188

Blaumaul-Maulbrüter oder **Burtons Maulbrüter** [189] (*Astatotilapia burtoni*)

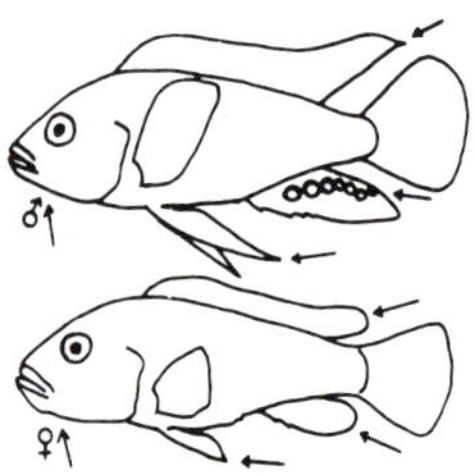

Astatotilapia burtoni

Dieser Fisch besiedelt die tropischen Gewässer Ost- und Mittelafrikas und ist im Norden bis ins Flußgebiet des Nil verbreitet. Er wird 12 cm lang. Bei den Hochzeitsspielen kommt es, besonders wenn das Weibchen noch keine reifen Eier hat, zu Zwistigkeiten zwischen den Partnern. Damit sich das schwächere Weibchen vor den Attacken des heiratslustigen Männchens schützen kann, ist ein Aquarium mit den verschiedensten Verstecken vorteilhaft. Die Zuchttemperatur soll 27 °C betragen. Wichtig ist auch ausgiebige Fütterung des Zuchtpaares mit *Tubifex*-Würmern, Roten Mückenlarven u.ä. Für 100 %ige Befruchtung der Eier ist bei dieser Art auf besondere Weise gesorgt. Bevor das Weibchen die Eier ausstößt, legt sich das Männchen an die Seite auf einen abgeputzten Stein, biegt den Körper durch und läßt am ganzen Körper bebend die Milch ab. Das Weibchen reicht den Mund in die Nähe der Afterflosse des Männchens und bemüht sich, die eierähnliche Zeichnung der Flosse, die eine Art Attrappe bildet, aufzunehmen. Dabei saugt es Spermien auf. Nun legt es selbst ein Eierklümpchen auf den Stein, nimmt dieses mit dem Mund auf, verstaut es in den Kehlsack und saugt die vom Männchen nochmals ausgestoßene Milch auf. Der ganze Laichprozeß dauert etwa $1^1/_2$ Stunden. Bei einer Wassertemperatur von 26–27 °C verläuft die Entwicklung der Eier im Kehlsack des Weibchens in 16–20 Tagen, worauf aus dem Weibchen bereits vollständig entwickelte Jungfische schwimmen, die sich noch eine Woche lang bei Gefahr oder für die Nacht im Maul der Mutter verbergen. Ähnlich verhalten sich auch andere afrikanische Maulbrüter, wie z.B. der in ganz Nordafrika verbreitete *Haplochromis desfontainesi*.

189

190

Afrikanischer Schmetterlingsbuntbarsch [190, 191, 192]
(*Anomalochromis thomasi*)

Dieser Fisch stammt aus Afrika, aus dem Gebiet von Kenema in Sierra Leone. Das etwa 10 cm lange Männchen ist größer als das Weibchen. Ihrem Aussehen nach erinnert diese Art ziemlich stark an den Schmetterlingsbuntbarsch *Papiliochromis ramirezi*. Sie ist prachtvoll und stark wechselnd gefärbt. Die erwachsenen Männchen sind graugrün mit einem leuchtendblauen Tupfen auf jeder Schuppe. Drei dunkle Flecken, einer auf dem Kiemendeckel, der zweite in der Körperseitenmitte und der dritte auf der Schwanzwurzel, ergänzen die Buntheit des Fischchens, um im nächsten Moment zu verschwinden. Statt ihrer erscheinen Querstreifen, von denen sich der erste quer über

191

192

das Auge hinzieht. Die Rückenflosse ist rotgesäumt mit goldglitzerndem Rand. Die rote Säumung geht auch auf den oberen Lappen der Schwanzflosse über.

Das Männchen trägt eine sehr langgezogene Rücken- und Afterflosse. Die Bauchflossen sind an der vorderen Kante blau bis schwarz. Das Weibchen legt rund 500 graugrüne Eier auf einen vorher gesäuberten, flachen Stein. Diesem anspruchslosen afrikanischen Cichliden genügt eine Wassertemperatur von 23–25 °C. Mit höherer Temperatur kann die Entwicklung beschleunigt werden. Bei 28 °C schlüpfen die Jungfische bereits nach 48 Stunden und schwimmen nach weiteren drei Tagen frei. Ihre Aufzucht mit lebendem Staubfutter ist einfach.

Großer Maulbrüter oder **Messingmaulbrüter** [193]
(*Pseudocrenilabrus philander dispersus*)

Der Große Maulbrüter ist ein in Südwestafrika, Transvaal, Rhodesien, Angola und Katanga verbreiteter Cichlide. Das Männchen ist größer als das Weibchen und wird etwa 11 cm lang. Für die Zucht dieser Fische ist eine Wassertemperatur von 24–26 °C erforderlich. Die erwachsenen Tiere vertragen jedoch auch einen Temperaturabfall bis unter 20 °C. Am günstigsten ist frisches, mittelhartes Wasser mit neutralem pH-Wert. Zum Laichen nimmt man nur ein volles, laichwilliges Weibchen, damit das Männchen es nicht umbringt. Das Weibchen legt die Eier in eine Grube im Sandboden, die das Männchen vorher ausgehöhlt hat. Die befruchteten Eier werden vom Weibchen in den Kehlsack eingesammelt. Besonders im fortgeschritteneren Entwicklungsstadium – wenn sie dunkel werden – sind sie dort gut erkennbar.

Es ist vorteilhaft, das Männchen sofort nach dem Ablaichen zu entfernen, damit das Weibchen ungestört ist. Die Entwicklung der Eier im Maul des Weibchens dauert 10–12 Tage. Die das Maul der Mutter verlassenden Jungfische sind etwa 6 mm groß, schwimmen selbständig und jagen Nahrung nach. Bei Gefahr und zur Nacht kehren sie in den Kehlsack der Mutter zurück. Solange das Weibchen, die Eier im Maul trägt, frißt es nicht, bewegt sich wenig, atmet angestrengt und ist scheu. Die Zahl der Eier ist abhängig von der Größe des Weibchens und schwankt zwischen 30 und 100 Stück. Die Aufzucht ist problemlos. Im Alter von 7 Monaten sind die Jungen geschlechtsreif.

193

194

Türkisgoldbarsch [194] (*Melanochromis auratus*)

Dieser Fisch ist am felsigen Ufer des afrikanischen Malawisees beheimatet. Das Männchen, das größer als das Weibchen ist, erreicht eine Länge von 11 cm. Die Grundfärbung des Männchens ist braunschwarz bis blauschwarz, die des Weibchens goldgelb mit Längsstreifen. Die Ausfärbung der Fische ist sehr auffallend. Außer Algen fressen sie mit Vorliebe Wasserflöhe und *Tubifex*-Würmer. Das Weibchen hält die Eier im Maul. Die vollständig entwickelten, 1 cm großen Jungfische verlassen nach 22–26 Tagen ihr Versteck. Ihre Zahl ist klein und schwankt zwischen 6–40 Stück.

195

Blauer Njassa-Buntbarsch [195] (*Pseudotropheus zebra*)

Dieser Fisch stammt auch aus dem Malawisee (Njassasee). Er ist aber größer als der Türkisgoldbarsch. Das Männchen erreicht eine Länge von 15 cm. Mit Vorliebe hält er sich zwischen Felsen und im Aquarium zwischen Steinen auf. Er akklimatisiert sich im Aquarium leicht und frißt nicht nur Algen, sondern eigentlich fast alles. Er ist streitsüchtig und verteidigt in der Natur ein ziemlich großes Territorium. In der Gefangenschaft kann er nur in großen Becken gehalten werden. Das Weibchen trägt die befruchteten Eier im Maul. Von der Gattung *Pseudotropheus* werden häufig zwei weitere Arten, der Schmalbarsch *P. elongatus* und der Neunstreifenbarsch *P. novemfasciatus* gehalten. Der letztere ist sehr attraktiv, vor allem für öffentliche Aquarium-Ausstellungen.

Felsenkammbarsch [196] (*Crenicichla saxatilis*)

Der Felsenkammbarsch ist ein von Trinidad über den Mittel- und den Südteil des Amazonas-Flußgebietes bis Südbrasilien häufig vorkommender Cichlide. In der Natur wird er bis 35 cm lang, in der Gefangenschaft ist er weit kleiner. Zum Laichen müssen möglichst große Aquarien benutzt werden. Das Zuchtpaar laicht in seichten Gruben im Sandboden ab. Obgleich nur die Männchen die Nachkommenschaft betreuen, brauchen die Weibchen nicht entfernt zu werden. Die Eier sind sehr klein und weißlich. Die erwachsenen Fische fressen mit Vorliebe kleinere Fische, Libellenlarven, verschiedene Wasserinsekten oder auch in Streifen geschnittenes, mageres Fleisch. Die Wasser-

196

197

temperatur soll auch bei erwachsenen Tieren nicht unter 20 °C sinken. Unter Berücksichtigung des Fangortes in der Natur und des Alters der Fische ist die Ausfärbung von *Crenicichla saxatilis* sehr veränderlich. Ausgewachsene Exemplare sind unverträglich und raubgierig. Sie können nur in großen Schaubecken in Gesellschaft großer Cichliden gehalten werden.

Njassa-Braunbuntbarsch [197] (*Melanochromis brevis*)

Dieser Maulbrüter lebt im Malawisee und wird nur 6–7 cm lang. Er ist unverträglich, doch enden die Zänkereien nie mit einer ernsten Verletzung. Seine Grundfärbung ist ein leuchtendes Braun mit blauen Reflexen. Die Männchen kennzeichnet ein orangefarbener Fleck an der Afterflosse. Der Behälter muß geräumiger sein – von 50 Liter aufwärts – mit einem Boden felsigen Charakters. Die Fische benötigen hartes, alkalisches, kristallklares, 25–28 °C warmes Wasser. Sowohl die jungen als auch die erwachsenen Tiere sind ungemein empfindlich gegen einen pH-Wert unter 7 und gesteigerten Nitritgehalt im Wasser. Sie fressen Lebendnahrung, nehmen jedoch auch Fleischstückchen, Tetra-Min und Tetra-Phyll an. Abgelaichte Weibchen sind durch den Sack im Unterteil des Maules (Kehlsack) leicht zu erkennen. Sie werden vorsichtig abgefangen und in ein kleineres Vollglasbecken mit gut belüftetem Wasser gesetzt. Da die Weibchen mit den Eiern im Maul nichts fressen, wird nicht gefüttert. Die Entwicklung der Eier dauert etwa 17 Tage. Die etwa 8 mm langen Jungen sind vollkommen auf sich selbst gestellt, anfangs sehr scheu und sofort gleich gefärbt wie die Eltern.

Afrikanischer Himmelblaucichlide [198] (*Melanochromis joanjohnsonae*)

Dieser Fisch ist im Malawisee beheimatet. Im Aquarium wird er 7–8 cm lang. Er ist unverträglich, doch enden die Scharmützel nicht mit ernsten Verletzungen der Gegner. Der Fisch benötigt kristallklares, hartes, 25–28 °C warmes Wasser im alkalischen pH-Bereich ohne Nitrite. Die Männchen sind himmelblau mit auffallend langen, schwarzgesäumten Bauchflossen. Die orangefarbenen Flecken auf der Afterflosse sind bei den Weibchen viel ausgeprägter als bei den Männchen; bei einigen Männchen fehlen sie sogar gänzlich. Die Weibchen sind viel kleiner als die Männchen, unauffällig graublau gefärbt und hüten die Eier im Maul. Die Zucht verläuft ähnlich wie beim Njassa-Braunbuntbarsch (*Melanochromis brevis*). Die Eier entwickeln sich in etwa 20 Tagen, und die Jungfische sind, wenn sie das Maul der Mutter verlassen, 1 cm lang. Sie zeigen eine Fluchtreaktion vor der Mutter.

Erwachsene Fische bilden keine Territorien. Sie leben entweder einzeln oder paarweise und zählen zu den friedlichsten maulbrütenden Cichliden. Sie fressen nicht nur lebende, gefrorene und trockene Nahrung, sondern auch Flocken- und Tablettenfutter. In der Natur kommen sie in Tiefen von 2–40 Meter vor. Sie leben sowohl auf felsigem Untergrund als auch im Bewuchs der afrikanischen Wasserschraube (*Vallisneria aethiopica*).

198

199

Afrikanischer Ohrencichlide [199] (*Limnochromis auritus*)

Dieser Fisch lebt endemisch im Tanganjika-See. Er wird etwa 19 cm lang, ist friedliebend und ziemlich schreckhaft. Das Wasser muß hart, alkalisch, kristallklar und 25–28 °C warm sein. Als Nahrung dient ihm alles was lebt, wobei er größere Happen wie Regenwürmer oder Fleischstückchen vorzieht. Er ist aus Tiefen von 5 bis 125 m bekannt. Im Aquarium wächst seine Lebensaktivität bei Dämmerung. Fast den ganzen Tag über ist er zwischen den Steinen verborgen.

Obwohl der Afrikanische Ohrencichlide (*L. auritus*) in der Gefangenschaft gut Nahrung aufnimmt, beginnt er nach einiger Zeit zu kränkeln. Vermehrungsversuche sind bislang noch nicht gelungen.

Der Afrikanische Ohrencichlide erfordert ein größeres Becken mit Verstecken, Höhlen aus Steinen, evtl. Dekorationen aus versteinerten Baumwurzeln. Pflanzen zerstört er nicht, der Boden sollte sandig sein. Alkalisches, mittelhartes Wasser sagt ihm zu, und häufiger teilweiser Wasserwechsel tut den Fischen sehr gut. *L. auritus* ist ein typischer Maulbrüter, der Elternfamilien bildet. Beide Partner, das Männchen und das Weibchen, inkubieren die Eier und später die Larven im Maul, die sie während der Entwicklung häufig miteinander austauschen. Aus einem Ablaichen gehen gewöhnlich bis zu 300 Jungfische hervor. *L. auritus* ist monoform. Männchen und Weibchen sind nur schwer voneinander zu unterscheiden – am ehesten vielleicht nach den Bauchflossen, die bei älteren Männchen länger sind. In der Gefangenschaft wird dieser Maulbrüter etwa seit 1958 gezüchtet, und zwar zuerst unter den Synonyma *Paratilapia aurita* und *Pelmatochromis auritus*.

Kapitel 7

SCHAUMWIEGE FÜR DIE NACHKOMMENSCHAFT

Das Männchen der roten Zuchtform des **Zwergfadenfisches** [200] (*Colisa lalia*) bewacht das noch mit an der Oberfläche schwimmenden Pflanzen verfestigte Schaumnest mit dem Eigelege ebenso aufmerksam, ausdauernd und mutig wie wild ausgefärbte, freilebende Exemplare.

In Südostasien und in den Tropengebieten Afrikas sind die Labyrinthfische (Anabantidae) häufige Bewohner der Süßgewässer. Sie entwickelten sich aus gemeinsamen Vorfahren mit den rezenten Barschartigen und paßten sich dem Leben in seichten, häufig stark versumpften und sauerstoffarmen Gewässern an. Um in einem derart ungünstigen Milieu überleben zu können, atmen sie Luftsauerstoff mit Hilfe des sog. Labyrinths. Der Körper ist mit Ctenoidschuppen bedeckt. Die Rückenflosse und die Afterflosse sind in ihrem vorderen Teil durch Dorne versteift. In der Laichzeit bauen einige Labyrinthfische unter der Wasseroberfläche oder auch tiefer auf der Unterseite von Wasserpflanzenblättern Schaumnester, in die sie die Eier ablegen. Die Schaumschichten bestehen aus Luftblasen, die von einem Sekret aus der Mundschleimhaut dieser Fische umhüllt sind. Die Brutpflege übernimmt das Männchen. Im Aquarium werden viele Arten erfolgreich gehalten und vermehrt.

Punktierter Fadenfisch [201, 202, 203] (*Trichogaster trichopterus*)

Dieser Fisch ist auf der Malaiischen Halbinsel, in Thailand, Südvietnam und auf den Großen Sundainseln verbreitet. Er wird 15 cm lang und bildet viele Farbformen. Am beliebtesten sind der Blaue Fadenfisch (*Trichogaster t. sumatranus*) aus Sumatra (203),

◄ 200 201

202

dessen Färbung gleichfalls stark variiert; weiter werden im Aquarium goldene (201, 202), silberne oder marmorierte Abarten gehalten, letztere mit der Handelsbezeichnung *T. trichopterus* „Cosby“ nach dem Züchter, dem es gelungen war, diese Form zu entdecken und zu stabilisieren.

Die Ausgangsform, der Punktierte Fadenfisch, ist bezüglich der Temperatur weniger anspruchsvoll als alle farbenprächtige Zuchtformen, doch sind die grundlegenden Zuchtbedingungen in der Gefangenschaft im wesentlichen gleich. Geschlechtsreif sind etwa 7–8 cm lange Fische. Vor dem Ablaichen wird das Weibchen vom Männchen verfolgt. Dabei wechselt die Ausfärbung der Fische ständig. Zwischendurch ist das Männchen bemüht, mit dem Mund auf der Wasseroberfläche ein Schaumnest zu bauen. Sobald es ihm genügend fest erscheint, beginnt es, das Weibchen unter die Schaumblasenschichten zu locken. Das Weibchen mit reifen Eiern folgt dem Männchen nach. Unter dem Nest stellen sich die Fische Seite an Seite, mit den Köpfen gegeneinander, die Münder etwas nach oben gerichtet. Nun versucht das Männchen, das Weibchen mit seinem Körper ringförmig zu umschlingen und es mit dem Bauch nach oben zu drehen (202). Es folgt ein kurzes Zittern beider Körper, ein Zusammenzucken und es erscheint ein vom Weibchen ausgestoßenes Eierwölkchen. Beide Fische sinken wie gelähmt zu Boden. Die Eier, die dank ihrer Fettröpfchen leichter als das Wasser sind und langsam zur Oberfläche aufsteigen, werden vom Männchen im Maul gesammelt und ins Schaumnest gespuckt. Nach jedem Laichakt und am Ende des Ablaichens baut das Männchen von unten weitere Luftblasenschichten an das Nest an. An das Nest läßt es das Weibchen nicht heran, sondern greift es sogar an und verletzt es unnötig. Deshalb ist es besser, das Weibchen herauszufischen, damit es das Männchen nicht ablenkt und bei der Betreuung der Eier stört. Bei einer Wassertemperatur von etwa 28 °C schlüpfen die Jungfische nach etwa drei Tagen aus. Ein Ablaichen ergibt über 1000 Junge, die zuerst mit Rotatorien und später mit *Cyclops*-Nauplien, gefüttert werden.

Das Atmungslabyrinth der Jungfische bildet sich erst im Alter von 3–4 Wochen aus, wenn sie an der Wasseroberfläche einzuatmen beginnen. In jener Zeit muß besonders darauf geachtet werden, daß die Lufttemperatur unter dem Deckglas dieselbe ist wie die des Wassers, da sich sonst die Jungfische „verkühlen" und bald eingehen.

In der Gefangenschaft werden noch weitere Fadenfische gezüchtet, so z. B. der Mondscheinfadenfisch (*T. microlepis*) und der Schaufelfadenfisch (*T. pectoralis*), die jedoch bei weitem nicht die Pracht der vorerwähnten Formen erreichen. Die beiden letzteren laichen sehr ruhig und friedlich ab. Der Schaufelfadenfisch betreut seine Nachkommen ungemein lange und fällt dabei selbst die kleinste Brut der anderen Fischarten weder an noch bedroht er sie.

203

204

205

Mosaikfadenfisch [204, 205, 206, 207] (*Trichogaster leeri*)

Dieser Fisch stammt aus den Gewässern der Malaiischen Halbinsel, Thailands, Sumatras und Borneos. Er wird etwa 11 cm lang und ist sehr sanft, friedliebend, scheu und wärmeliebend. In der Fortpflanzungszeit baut das Männchen gewöhnlich ein enorm breites und hohes Schaumnest. Das eigentliche Ablaichen, die Zucht und die Aufzucht sind im wesentlichen die gleiche wie beim Punktierten Fadenfisch.

206

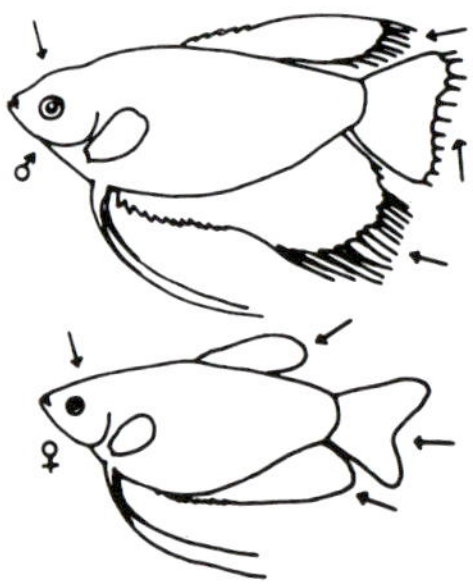

Trichogaster leeri

Im übrigen sei noch darauf hingewiesen, daß die Fadenfische der Gattung *Trichogaster* ausgiebig mit ständig wechselnder Lebendnahrung gefüttert werden müssen. Am besten eignen sich Hüpferlinge, Wasserflöhe, Rote Mückenlarven und Eintagsfliegenlarven. Langzeitige Fütterung mit *Tubifex*-Würmern, hauptsächlich in den Wintermonaten, hat gewöhnlich katastrophale Folgen. Sie unterstützt nämlich nicht nur die Übertragung von infektiöser Bauchwassersucht ulzeröser (geschwürbildender) Form, sondern auch von Fischtuberkulose.

Beide Krankheiten sind nur schwer zu behandeln und häufig sterben an ihnen zahlreiche und bis dahin erfolgreiche Zuchten aus.

207

208

Kampffisch [208, 209, 210] (*Betta splendens*)

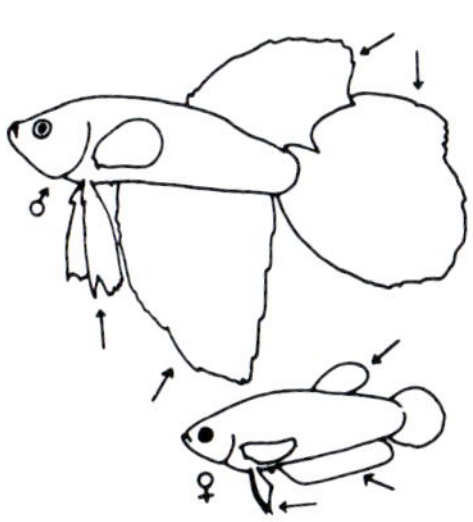

Betta splendens

Der Kampffisch ist ein in Hinterindien und Thailand verbreiteter Labyrinthfisch, der etwa 6 cm lang wird. Die aus Siam und Vietnam stammenden Populationen sind größtenteils grün, die aus Singapur rot. Der Kiemendeckel des Kampffisches ist immer rot. Durch zweckentsprechende Zuchtwahl gelang es, langflossige Formen verschiedener Ausfärbung zu erzielen. Das Männchen baut in der Fortpflanzungszeit ein verhältnismäßig großes Schaumnest von bis zu 10 x 10 cm. Die Hochzeitsspiele finden in der Nähe dieses Nestes statt und sind gewöhnlich sehr bewegungsreich. Das Männchen stellt vor dem Weibchen die Pracht seiner aufgespannten Flossen zur Schau. Das Imponieren des Partners dauert verschieden lang, je nach ihrer Laichbereitschaft. Der eigentliche Laichprozeß findet unter dem Schaumnest statt. Die vom Weibchen ausgestoßenen Eier sind schwerer als Wasser und sinken zu Boden. Nach jedem Laichakt sammelt das Männchen die Eier sofort auf und spuckt sie

209

in das Schaumnest. Häufig hilft ihm dabei auch das Weibchen. Später treibt es das Männchen jedoch vom Nest fort und fügt ständig weitere Luftblasenschichten von unten dazu. Dadurch baut es die Eier im Nest ein. Nach Beendigung des Laichens muß das Weibchen abgefangen werden, damit es vom Männchen in einem kleinen Zuchtbecken nicht getötet wird.

Die Jungfische schlüpfen bei einer Wassertemperatur von 27 bis 28 °C nach 24–36 Stunden und werden bis zum Freischwimmen vom Männchen sorgfältig gepflegt und behütet. Die Aufzucht der Jungfische ist mit lebendem Staubfutter, Rädertierchen sowie mit *Cyclops*- und *Artemia*-Nauplien einfach. Die Fische wachsen schnell und sind im Alter von 5–6 Monaten voll entwickelt und vermehrungsfähig.

In ihrer Heimat werden die Kampffische auch für Kämpfe benutzt, bei denen ähnlich wie bei Hahnenkämpfen häufig Wetten auf Favoriten abgeschlossen werden. Außer den ursprünglichen wildlebenden grünen und roten Formen wurden in der Gefangenschaft die verschiedensten Farb- und Formabarten gezüchtet. Am gesuchtesten sind hell ausgefärbte Exemplare mit riesigen Rücken-, After- und Schwanzflossen.

210

Kleiner Kampffisch [211] (*Betta imbellis*)

Dieser Fisch ist nur von einem einzigen Ort bekannt, nämlich aus der Umgebung von Kuala Lumpur, wo er erst 1970 entdeckt wurde. Er erreicht eine Länge von etwa 5 cm. Seine Kiemendeckel sind immer grün. Dieser Labyrinthfisch ist ausgesprochen scheu. Die volle Schönheit seiner Farben zeigt er nur in einem abgedunkelten Aquarium in Gesellschaft von Artgenossen. Die Männchen imponieren zwar untereinander sehr intensiv, tun sich aber nie ernsthaft etwas zuleide. Der Laichprozeß verläuft ähnlich wie beim Kampffisch (*B. splendens*). Während beim Kampffisch eine Eiablage 500–800 Eier beträgt, sind es beim Kleinen Kampffisch selten mehr als 200 Stück. Die Eier des Kleinen Kampffisches sind größer, die Jungfische zwar robuster, doch nach dem Freischwimmen ziemlich unbeholfen. Sie fressen nur kleinste, wenig bewegliche Lebendnahrung wie Infusorien und Rädertierchen. *Cyclops*- und *Artemia*-Nauplien bewältigen sie erst im Alter von 4–6 Tagen. Das Zuchtwasser muß relativ weich sein, etwa bis 6° dGH, wobei der Anteil an Karbonathärte 1° dKH nicht überschreiten darf. Am günstigsten ist neutrales Wasser, d. h. der pH-Wert muß um 7,0 liegen. Das Wachstum ist langsam. Vollausgewachsen sind die Jungtiere erst im Alter von 8–9 Monaten.

Während der Kampffisch (*B. splendens*) aus dem Wasser praktisch nicht herausspringt, ist der Kleine Kampffisch ein ausgezeichneter Springer, der Höhen von 20 Zentimetern und mehr überwindet. Aus einem schlecht abgedeckten Becken klettert er in der Ecke hoch und zwängt sich durch unglaublich schmale Spalten zwischen Rahmen und Deckglas.

211

Auch die Nahrungsaufnahme ist beim Kleinen Kampffisch ganz anders. Er stürzt sich nicht gierig auf die Nahrung, sondern geht sie zögernd an, wendet den Bissen im Mund häufig hin und her, spuckt ihn wieder aus, erfaßt ihn dann vorsichtig wieder mehrmals, bis er ihn endlich auffrißt.

Dicklippiger Fadenfisch [212] (*Colisa labiosa*)

Dieser Fadenfisch ist in Südburma beheimatet. Das Männchen ist größer als das Weibchen und wird bis 8 cm lang. Auch dieser Fisch legt seine Eier in einem Nest an der Wasseroberfläche ab. Dank des großen Fettgehaltes sind die Eier leichter als Wasser und treiben an die Oberfläche (die Fische können auch ziemlich tief ablaichen). Zucht und Aufzucht ähneln jenen des Punktierten Fadenfisches. Die Wassertemperatur liegt bei 27–30 °C. Das Männchen ist an dem roten Rückenflossen- und dem weißlichen Afterflossensaum erkenntlich. Der Körper des Fisches ist seitlich stark zusammengedrückt.

212

Gestreifter Fadenfisch [213] (*Colisa fasciata*)

Dieser Fisch ist ein Verwandter der vorhergenannten Art und stammt aus den verschlammten Gewässern von Indien bis Burma. Er erreicht eine Länge von 12 cm. Bei der Zucht in Aquarien ist eine Wassertemperatur von 24–28 °C, zum Ablaichen und zur Aufzucht der Jungfische bis 30 °C empfehlenswert. Erwachsene Fische vertragen jedoch einen Temperaturabfall bis auf 15 °C. Was die Nahrung anbelangt, ist der Gestreifte Fadenfisch nicht wählerisch. Vom Dicklippigen Fadenfisch unterscheidet er sich auf den ersten Blick durch den weißlichen Rückenflossen- und den roten Afterflossensaum. Der Körper ist langgestreckt, mehr zylindrisch und seitlich nur wenig zusammengedrückt.

213

Honigfadenfisch [214] (*Colisa sota*)

Der Honigfadenfisch ist in ganz Nordostindien verbreitet. Unter den Fadenfischen ist er ein richtiger Zwerg, denn er wird nur 4–4,5 cm lang.

Als Folge der weitläufigen geographischen Verbreitung sind mehrere Farbformen direkt aus der Natur bekannt. Die Zucht in der Gefangenschaft ist einfach.Der Honigfadenfisch laicht bereits bei der Temperatur von 24 °C. Die Jungenzahl beträgt nur 150 bis 250 Stück.

214

Fast alle Arten der Gattung *Colisa* sind sehr anfällig gegen den Befall mit Piscinoodinium und gegen Bauchwassersucht. Die häufigste Erkrankung ist in den Wintermonaten bei langzeitiger Fütterung mit *Tubifex*-Würmern außer Bauchwassersucht auch Fischtuberkulose. Die Art *C. sota* bildet hier eine Ausnahme.

Makropode [215, 216, 217] (*Macropodus opercularis*)

Der Makropode lebt in den Gewässern Koreas, Chinas, Südvietnams und Taiwans. Das Männchen erreicht eine Länge von etwa 9 cm. Zur Haltung genügt eine Wassertemperatur von 15–20 °C, zur Fortpflanzung von 20 bis 24 °C. Für Gesellschaftsbecken eignet sich der Makropode nicht, denn er ist zu räuberisch. Seit dem Ende des zweiten Weltkrieges ist eine reinerbige albinotische Zuchtform mit roten Augen bekannt (216, 217), die, obwohl sie im Becken dekorativ und auffallend aussieht, bei den Aquarianern niemals größere Verbreitung gefunden hat. Die Makropoden befestigen ihr Schaumnest zwischen Schwimmpflanzen auf der Wasseroberfläche.

Vor dem Laichen ist es vorteilhaft, die Zuchtfische ausgiebig zu füttern. Das Schaumnest baut das Männchen mehrere Stunden, auch tagelang, je nach der Fortpflanzungsbereitschaft beider Partner. Das Männchen vertreibt während des Nestbaues das Weibchen und verfolgt es. Später lockt es aber das Weibchen unter das Nest.

Das Männchen schwimmt an das Weibchen heran, imponiert ihm mit gespreizten Flossen und kehrt langsam zum Nest zurück. Dabei paßt es auf, ob das Weibchen ihm folgt. Wenn das Weibchen paarungswillig ist, stellen sich beide Fische, die Köpfe schräg nach oben gerichtet, mit den Körperseiten zueinander und drehen sich langsam, bis sich ihre Flanken berühren. Nun umschlingt das Männchen ringförmig das Weibchen und dreht es mit dem Bauch nach oben. Beide Fische durchläuft ein kurzes Zittern, und es

215

216

erscheint ein vom Weibchen ausgestoßenes Eierwölkchen (216). Dann fallen beide Fische langsam, wie leblos, zu Boden. Das Männchen erholt sich zuerst, sammelt die Eier auf und spuckt sie in das Schaumnest. Der Laichakt wiederholt sich in verschiedenen Zeitintervallen noch mehrmals, bis das Weibchen alle reifen Eier ausgestoßen hat. Dann beginnt auch das Weibchen, die Eier aufzusammeln. Die Betreuung der Nachkommenschaft übernimmt das Männchen. Die Aufzucht ähnelt jener des Punktierten Fadenfisches, doch sind die Ansprüche bezüglich der Feinheit der Staubnahrung nicht so hoch.

217

Schwarzer Makropode [218, 219] (*Macropodus opercularis concolor*)

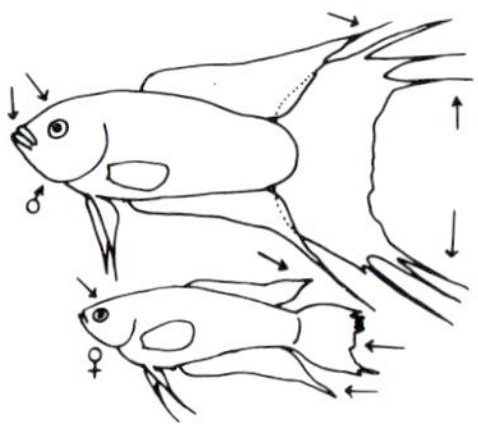

Macropodus opercularis concolor

Dieser Fisch stammt aus Indochina und wird 10 cm lang. Er zeichnet sich durch eine sehr dunkle, einheitliche Färbung aus. Das Männchen trägt auffallend stark entwickelte Rükken-, Schwanz- und Afterflossen. Die Querbinden am Körper sind in der Laichzeit schwarz, die Flossen rot. Die Schwanzflosse weist viele fadenförmig verlängerte Flossenstrahlen auf. Im Aquarium ist der Fisch friedliebend, erfordert aber ausschließlich Lebendnahrung. In der Laichzeit sind die Männchen gereizt und zänkisch. Sie lassen sich willig mit der Ausgangsform, den Makropoden, kreuzen. Die Nachkommenschaft ist zwar fruchtbar, aber unschön schmutziggrau gefärbt.

218

219

Zwerggurami [220] (*Trichopsis pumilus*)

Der Zwerggurami ist der kleine Verwandte des Knurrenden Guramis (*T. vittatus*). Er stammt aus Südvietnam, Thailand und Sumatra und wird nur 3,5 cm lang. Das Nest baut er in Form einer kleinen Schaumkugel (es kann jedoch auch flach sein) auf der Unterseite eines breiteren Wasserpflanzenblattes, in einem liegenden Blumentopf oder in einer Kokosnußschale in Bodennähe (10–15 cm über dem Boden). Die Eizahl ist klein, kann aber bei gut genährten Exemplaren bis 350 Stück betragen. Die Jungfische schlüpfen nach ungefähr 36 Stunden bei einer Wassertemperatur von 27–28 °C. Viele Paare laichen mehrmals hintereinander in kurzen, 4–7 tägigen Intervallen. Auch bei dieser Art gibt das Männchen bei der Brautwerbung knurrende Töne von sich. Die Jungfische sind so groß, daß sie sofort nach dem Freischwimmen fähig sind, *Artemia*-Nauplien zu fressen.

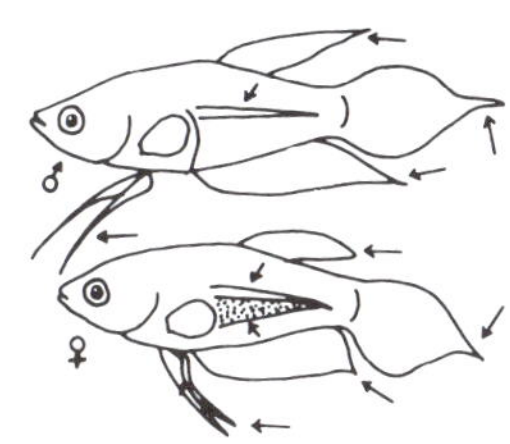

Trichopsis pumilus

220

Dem Aussehen und der Zucht nach ähnlich ist der in Thailand entdeckte Schallers Zwerggurami (*T. schalleri*) (221) der erst 1962 von Ladiges beschrieben wurde. Er wird etwa 4 cm lang.

221

Der Pfauenaugenbuschfisch [222] (*Ctenopoma oxyrhynchus*)

Dieser Fisch ist in den Nebenflüssen des Kongounterlaufes verbreitet und wird 10 cm lang. Mit Rücksicht auf seine Unverträglichkeit eignet er sich wie auch alle übrigen Buschfische der Gattung *Ctenopoma* nicht für Gesellschaftsbecken. Er muß ausgiebig mit Pflanzenkost gefüttert werden, jagt aber auch gierig kleine Fische. Das Ablaichen findet tief unter der Oberfläche bei einer Wassertemperatur von 28 bis 30 °C statt. Die Fische bauen kein Schaumnest, doch steigen die Eier wegen ihres bedeutenden Trangehaltes an die Oberfläche. Die Brut behält lange ihre Jugendfärbung mit dem schwarzen hinteren Körperteil.

Ein Ablaichen besteht aus bis 2000 Jungfischen, die zuerst sehr kleine Nahrung, am besten Rädertierchen (*Rotatoria*) und kleine Naupliusstadien der Hüpferlinge aufnehmen. Die Jungfische sind lichtscheu. Vollausgewachsene Männchen unterscheiden sich nur durch ihre langgezogene Rücken- und Afterflosse von den Weibchen. Beim Weibchen sind diese beiden Flossen kürzer und abgerundet, und der Körper ist untersetzter.

222

Kapitel 8

KURIOSE SÜSSWASSERFISCHE

Die Gruppe der afrikanischen **Kleinen Süßwassernadeln** [223] (*Syngnathus pulchellus*) bilden Männchen, Weibchen und Jungfische. Die „imponierenden" geschlechtsreifen Männchen tragen ihre Bäuche purpurrot gefärbt; viele von ihnen haben ihre Bruttasche am Schwanzstiel, die so lang ist wie der Bauch, voll von Nachkommenschaft.

Die in diesem Kapitel beschriebenen Fische werden auf der ganzen Welt in Süßwasseraquarien gehalten, sie sind allerdings nicht ganz so häufig. Sie stammen aus verschiedenen Erdteilen und sind in 7 Familien zusammengefaßt; deshalb können sie nicht einheitlich charakterisiert werden. Allerdings stellen sie nur einen Bruchteil des Artenreichtums dieser Familien dar. Sie zeichnen sich durch die verschiedensten Anpassungen an das Milieu aus, in dem sie leben sowie durch interessante Lebensweisen. Sie tragen z.B. die Eier in ihrem Mund und haben dennoch nichts mit den maulbrütenden Cichliden gemeinsam, springen über die Wasseroberfläche und segeln auf ihren breiten Brustflossen, treffen mit einem Wasserstrahl Insekten auch auf beachtliche Entfernungen, geben schwache elektrische Entladungen ab, mit denen sie sich orientieren, grenzen ihr Revier ab, leben, eingegraben im Boden, ein verborgenes Leben oder schleichen und hüpfen durch den halbtrockenen Schlamm in die Umgebung der Flüsse und jagen Insekten.

Boesemans Regenbogenfisch [224] (*Melanotaenia boesemani*)

Dieser Fisch lebt in den Seen auf dem Gebiet des südlichen Papua – Neuguinea. Er gehört in die Familie der Regenbogenfische (Melanotaeniidae). Das eine Länge von etwa 10 cm erreichende Männchen ist größer und bunter als das Weibchen. Die Paare laichen fast täglich auf feinblättrigen Pflanzen ab. Die Eier sind klein (1,2 mm), ihre Hülle weist an einer Stelle ein Büschel langer Fäden auf, mit denen sie am Laichsubstrat anhaften. Bei einer Wassertemperatur von 26–27 °C dauert die Entwicklung der Embryonen in der Eihülle sechseinhalb Tage. Die Jungfische schlüpfen mit bereits gefüllter Schwimmblase immer in der Nacht. Zuerst müssen sie mit Infusorien – am geeignetsten Pantoffeltierchen (*Paramecium*) oder kleinen Rädertierchen (*Rotatoria*) – gefüttert werden. Nach etwa drei Tagen nehmen sie schon frisch geschlüpfte *Artemia*-Nauplien (*Artemia salina*) an. Ihr Wachstum ist langsam.

◄ 223

224

Knochenzüngler [225] (*Osteoglossum bicirrhosum*)

Dieser Fisch lebt in den Gewässern des nördlichen Teiles von Südamerika, in Guayana und im Stromgebiet des Amazonas und erreicht eine Größe von 120 cm. Rücken- und Afterflosse sind sehr lang, und beide Flossen stehen einander mit ihren Basen gegenüber. Den Knochenzünglern begegnet man gewöhnlich als Schwarmfischen in seichten, stehenden Gewässern, wie z. B. in toten Flußarmen oder auch in stillen Seen. Ihr Nahrungsspektrum ist unendlich groß. Sie jagen alles, was lebt, vom Plankton bis zu Fischen. Das Weibchen behält die Eier im Mund, bis die Jungfische schlüpfen, ähnlich wie die Maulbrüter. Typisch für diese Fischart sind zwei lange Barteln auf dem Unterkiefer. Auf Bild 225 ist ein Junges dargestellt, bei dem die Barteln relativ lang sind. In Gefangenschaft können vor allem Jungfische gehalten werden. Sie benötigen weiches, mit Torfextrakt angereichertes Wasser und eine Temperatur um 25 °C. Die kleinsten Exemplare fressen mit Appetit Wasserflöhe, Mückenlarven und Larven verschiedenster Wasserinsekten. Später jagen sie lieber Fische. Ihnen kann Pflanzennahrung zugefüttert werden. Die mittelgroßen Exemplare sind eine Zierde jeder öffentlichen Ausstellung. Da sie in jeder Größe ausgezeichnet springen, muß das Becken gut verdeckt sein. Die Knochenzüngler (Osteoglossidae) zeichnen sich durch archaische Merkmale ihres Körperbaus aus.

225

Schmetterlingsfisch [226] (*Pantodon buchholzi*)

Dieser Fisch ist die einzige Art der Familie Pantodontidae, die verwandtschaftliche Merkmale mit den Knochenzünglern aufweist, sonst aber von den übrigen Fischen ganz isoliert ist. Sie stammt aus Westafrika, dem Kongo, dem Niger und aus Kamerun und wird 10–15 cm lang. Der Schmetterlingsfisch lebt unmittelbar unter der Wasseroberfläche. Seine breiten Brustflossen ermöglichen ihm Segelsprünge über den Wasserspie-

226

gel auf eine Entfernung von bis zwei Meter. Da er dabei mit den Brustflossen rasche, wirbelnde Bewegungen ausführt, erinnern seine Sprünge an aktiven Flug. Als Beute dienen ihm vor allem sich in Wassernähe aufhaltende Insekten. Im Aquarium füttern wir ihn mit Schaben, Heimchen und Fliegen, aber auch mit Insektenlarven und Fischen. Zur Zucht empfiehlt es sich, weiches Wasser mit Torfextrakt und einer Temperatur von 25–30 °C zu verwenden. Beim Laichen drehen und wenden sich die Fische auf charakteristische Art. Die Befruchtung erfolgt wahrscheinlich innerlich. Die Eier schwimmen auf der Wasseroberfläche, ohne daß die Zuchtfische Interesse für sie zeigen würden. Nach drei Tagen schlüpfen die Jungfische. Zucht und Aufzucht sind schwierig, die Erfolge unterschiedlich.

227

Afrikanischer Messerfisch [227] (*Xenomystus nigri*)

Dieser Fisch ist ein Vertreter der Afrikanischen Messerfische (Notopteridae), die nahe mit den obenerwähnten südamerikanischen Messerfischen verwandt sind. Er lebt in Afrika vom Nil bis Liberia und wird 20 cm lang. Durch Herausdrücken von Gasen aus der Schwimmblase in die Speiseröhre kann er ein bellendes Geräusch hervorrufen. Die Afrikanischen Messerfische sind ruhige Bewohner dicht verwachsener Flußteile und toter Flußarme. Die Schwimmblase erfüllt bei ihnen die Funktionen eines zusätzlichen Atmungsorgans. In der Nacht gehen die Fische auf Nahrungssuche. Als Nahrung dienen ihnen Insektenlarven, Würmer, Schnecken und auch kleine Fische. Das Wasser muß weich sein und soll eine relativ hohe Temperatur von 25–28 °C haben. Die Eier hütet einer der Elternfische, wahrscheinlich das Männchen. Sie werden auf den Bodengrund auf einem Stein, einem Holzstück oder nur in einer Sandgrube abgelegt. Im Aquarium daheim können jüngere Exemplare gehalten werden. Die erwachsenen erregen in Schaubecken Bewunderung auf Ausstellungen.

Augenfleck-Stachelaal [228] (*Macrognathus aculeatus*)

Diese Fischart ist von Indien bis zur Malaiischen Halbinsel und den Molukken verbreitet. Sie lebt in Brackgewässern ebenso wie in Süßgewässern und wird bis 35 cm lang. Das Weibchen ist größer als das Männchen. Im Aquarium ist bereits der 12–15 cm lange Fisch geschlechtsreif. Im Unterschied zu einigen verwandten Arten sind die unpaarigen Flossen, d. h. die Rücken-, die Schwanz- und die Afterflosse, voneinander klar getrennt. Am Tage lebt der Fisch gewöhnlich im Sand so tief vergraben, daß nur der Kopf herausragt. Erst gegen Abend und in der Nacht verläßt er sein Versteck. Als Nahrung dient die gesamte, ihm zugängliche und seinem kleinen Mund entsprechende Bodenfauna. Das Becken wird am besten mit hartblättrigen Pflanzen besetzt und der Bodengrund mit Steinen und Wurzeln belegt. Das Wasser soll mittelhart sein, am besten mit schwachem Kochsalz- oder Meersalzzusatz. Gelegentlicher teilweiser Wasserwechsel und gute Filtration tun den Fischen gut. *M. aculeatus* beachtet die Mitbewohner des Aquariums nicht, ist friedliebend und kann daher selbst mit ruhigen Fischen zusammengehalten werden.

228

Rotgeschwänzter Ährenfisch [229] (*Bedotia geayi*)

Dieser Ährenfisch stammt aus den Süßgewässern Madagaskars und wird um 15 cm (im Aquarium nur 7–8 cm) lang. Er ist friedlich und begnügt sich auch mit kleineren Becken. Das Männchen unterscheidet sich vom Weibchen durch den roten Schwanzflossensaum. Der des Weibchens ist glasartig durchsichtig oder milchweiß.

Das Zuchtpaar laicht mehrere Tage nacheinander. Das Weibchen legt nur wenige Eier, die einzeln an einem dünnen Fädchen an den Pflanzen hängen. Weder den Eiern noch den Jungfischen widmen die Eltern besondere Aufmerksamkeit. Die freischwimmende Brut ist groß und jagt gierig *Artemia*- und *Cyclops*-Nauplien. Zur Zucht eignet sich härteres Wasser von mindestens 10° dGH.

229

Zwergregenbogenfisch [230] (*Melanotaenia maccullochi*)

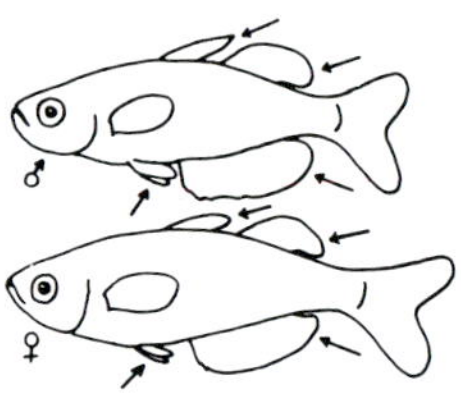

Melanotaenia maccullochi

Dieser Fisch ist wohl die beliebteste Art der Familie der Ährenfische (Atherinidae), die im Aquarium gezüchtet werden. Sie bewohnt die Süßgewässer Nordaustraliens in der Umgebung von Cairns und wird etwa 7 cm lang. Im Aquarium ist der Zwergregenbogenfisch friedlich, anspruchslos und frißt alles Lebende, begnügt sich aber auch mit trockener und Kunstnahrung. Die Zucht gleicht jener der vorerwähnten Art, doch laicht der Zwergregenbogenfisch meistens nur ein Mal. Die Protopterygiolarven schlüpfen bei 25 °C nach 7–8 Tagen.

230

Ein Ablaichen ergibt bis 200 Jungfische. Die meisten Vertreter der Familie Atherinidae sind ausgesprochene Meeresbewohner. Einige Süßwasserarten sind neu der Familie Melanotaeniidae zugeordnet.

Dreistacheliger Stichling [231] (*Gasterosteus aculeatus*)

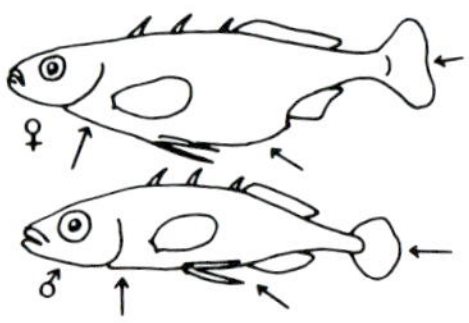

Gasterosteus aculeatus

Dieser Stichling lebt an den europäischen Küsten, in Nordostasien, in Algerien und in Nordamerika und wird 10 cm lang. Er zieht das Leben im Brackwasser vor. Die Dornzahl in der Rückenflosse und die Zahl der Knochenplatten an den Körperseiten ändern sich je nach dem Salzgehalt des Wassers. In der Laichzeit baut das Männchen auf dem Boden ein Nest aus Pflanzenteilen, in das er hintereinander mit mehreren Weibchen ablaicht. Die Gesamtzahl der Eier beträgt 90–250 Stück. Die Jungen schlüpfen nach 10–14 Tagen und werden vom Männchen behütet.

Im Aquarium überwintert der Dreistachelige Stichling am besten im Kühlen, und auch im Sommer sollte die Temperatur nicht über 22 °C steigen. Als Nahrung nimmt er alles Lebende, wie Zooplankton, Würmer und Rote Mückenlarven, in der Natur auch Jungfische. Die Männchen verteidigen ihre Nachkommenschaft sehr energisch und greifen in der Nähe des Nestes oder des Schwarmes die Füße badender Menschen, im Aquarium hineingreifende Hände an.

Die Familie der Stichlinge (Gasterosteidae) umfaßt fünf Gattungen – drei ausgesprochene Meeresgattungen und zwei Süßwassergattungen. Wegen ihrer geringen Größe sind sie wirtschaftlich nicht von Bedeutung, obgleich örtlich mit ihnen bisweilen Geflügel gefüttert wird.

231

232

Gefleckte Grundel [232] (*Stigmatogobius sadanundio*)

Die Gefleckte Grundel ist eine der wenigen im Süßwasser lebenden Grundelarten (Gobiidae). Sie ist in Südasien, auf den Großen Sundainseln und auf den Philippinen beheimatet und wird etwa 8 cm lang. Die Bauchflossen der Grundeln sind ganz oder wenigstens teilweise zusammengewachsen und bilden ein Saugorgan, mit dem sich die Fische auf der Unterlage festhalten. Fast alle Grundelarten (Gobiidae) legen die Eier auf die Unterseite eines unterwühlten Steines ab. An der Decke der so geschaffenen Höhle haften die Eier sehr fest an. Sie und später die Jungfische werden vom Männchen sehr sorgfältig betreut. Nach dem Ursprung des Fisches richtet sich die Wasserdichte, die man durch Zusetzung von Meersalz reguliert. Die Fische ernähren sich im Aquarium von Plankton, Roten Mückenlarven, Fisch- und Muschelfleisch sowie Algen. Die großen Arten sind ausgesprochen räuberisch.

Kapitel 9

SELTSAME GESELLEN DER WARMEN UND TROPISCHEN MEERE

Der **Weinrote Zackenbarsch** [233] (*Variola louti*) erschreckt alle Eindringlinge, sowohl große Fische als auch Taucher.

Die Meeresfischzucht in Aquarien ist ein verhältnismäßig junges Fachgebiet in der Aquaristik. Unter den Meerestieren lassen sich die Wirbellosen besser halten als die Fische. Ein Nachteil bei der Meeresfischzucht ist die Laich- und Paarungsunwilligkeit im künstlichen Milieu, und dort, wo die Vermehrung gelungen ist, sind nur ganz vereinzelte Erfolge bei der Jungfischaufzucht zu verzeichnen. In der Seeaquaristik gibt es viele Klippen. Das meiste Kopfzerbrechen bereitet die Zucht der Meerespflanzen als Konsumenten der sich im Aquarium ansammelnden stickstoffhaltigen Stoffe, die schwierige Beschaffung von Ersatznahrung für jene Fische, die in der Natur auf eine bestimmte Nahrung spezialisiert sind, die Notwendigkeit der rein technischen Reinhaltung des Seewassers, seine regelmäßige Erneuerung und Herstellung aus Salzmischungen und schließlich bei den meisten Arten auch die noch immer bestehende Abhängigkeit von Importen. In diesem letzten kurzen Kapitel wird dem Leser kein vollständiges Bild der Pracht und des unerschöpflichen Farben- und Formenreichtums der Meeresfische geboten, sondern nur anhand einiger Beispiele auf Eigenheiten im Leben besonders jener Arten hingewiesen, über die sich der Aquarianer auf seinen Reisen weitgehend selbst ein Bild machen kann. Er erspart sich auf diese Weise die finanziellen Auslagen für einen teuren Korallenfisch und vor allem die Enttäuschung über sein Eingehen. Dabei lernt er nicht nur Meeresfische fangen, sondern auch ihr natürliches Lebensmilieu kennen, dem er dann die Aquarieneinrichtung weitgehend anpassen kann, damit sich seine Zöglinge wohlfühlen und ihm lange Freude bereiten. Die in diesem Kapitel beschriebenen Arten gehören in viele Familien und viele Ordnungen, worauf bei den einzelnen Arten immer kurz aufmerksam gemacht wird.

Weinroter Zackenbarsch [233, 234] (*Variola louti*)

Dieser Fisch zählt zur Familie der Zacken- oder Sägebarsche (Serranidae) und ist im Stillen Ozean und im Indischen Ozean bis Südafrika einschl. des Roten Meeres ver-

◄ 233 234

breitet. Mit seiner bis 130 cm Länge ist er ein hochgeschätzter Konsumfisch. Dieser herrliche Zackenbarsch weist eine ungemein variable Grundfärbung auf. Er kann fast schwarz, bläulich, grau, orange, braun bis leuchtend rot sein. Bei heller gefärbten Fischen ist die obere Körperhälfte unregelmäßig dunkel mit leuchtenden Flecken, die bei im Roten Meer lebenden Exemplaren fast ausschließlich gelb, bei halbwüchsigen und erwachsenen weißlich sind. Die Schwanzflosse ist typisch halbmondförmig. Der Fisch verbirgt sich gern in Felsen- und Korallenhöhlen. Er ist ein Räuber und jagt andere Fische. Der Weinrote Zackenbarsch ist die Zierde jedes großen Schauaquariums. In Wohnzimmerbecken können nur ganz junge Fische gehalten werden, und auch diesen wird der Raum bald zu klein.

Beutelbarsch [235] (*Serranellus hepatus*)

Der Beutelbarsch ist ein im Mittelmeer und im Atlantischen Ozean beheimateter Fisch, der etwa 15 cm lang wird. Dieser kleinste bekannte Zackenbarsch ist an Fels- und Sandküsten ebenso wie auch auf den aus Seegräsern der Gattung *Zostera* gebildeten Seegraswiesen weit verbreitet. Am häufigsten ist er ab 10 Meter Tiefe anzutreffen; im Sommer hält er sich in nächster Nähe der Küste in nur 2–3 Meter Tiefe auf. Er ist ein Zwitter (Hermaphrodit), denn beide Geschlechtsdrüsen reifen gleichzeitig, so daß Selbstbefruchtung stattfindet. Er vermehrt sich im Juni und Juli. Im Aquarium läßt er sich ausgezeichnet halten; er ist anspruchslos, langsam und sehr neugierig. Als Nahrung dienen ihm Krebstiere, Muschelfleisch, magere Geflügelfleischstückchen u.ä. Er muß mäßig gefüttert werden, denn er ist sehr gefräßig.

235

236

Augenfleck-Lippfisch [236] (*Crenilabrus ocellatus*)

Dieser Fisch ist ein häufiger Bewohner von Hafenmauern und Pflanzenbewuchs der Gattung *Cystoseira* und *Zostera*. Er lebt im Mittelmeer, in der Adria und im Atlantik in Küstennähe in etwa 0,5 m Tiefe. Das Männchen wird 12 cm lang, das Weibchen nur 6 cm. In der Laichzeit von Mai bis August baut das erwachsene Männchen nacheinander 5–7 Nester aus feinen Fasern verschiedener Art, vor allem der Grünalgen der Gattung *Cladophora*, nimmt aber als Ersatz auch mit anderen roten, grünen oder braunen Algen vorlieb. Das am Boden lie-gende, schüsselförmige Nest ist etwa tellergroß und erinnert an ein Vogelnest. Die jüngeren, 7–9 cm großen Männchen bauen keine Nester. Die Weibchen mit reifen Eiern streichen im Schwarm entlang der Küste umher und laichen in die Nester sowohl mit den großen als auch kleineren Männchen. Wenn sich zwei Rivalen begegnen, stellen sich die Männchen einander gegenüber und heben die Kiemendeckel mit der bunten Zeichnung eines Pfauenauges.

Große Männchen befächeln Eier und Brut im Nest, indem sie abwechselnd eine typische Schrägstellung mit dem Kopf nach unten einnehmen. Im Aquarium läßt sich der Augen-fleck-Lippfisch (*C. ocellatus*) gut halten, verlangt aber Sauberkeit, genügend Sauer-stoff im Wasser und gemischte Fleisch- und Pflanzenkost.

Mittelmeerlippfisch (*Crenilabrus mediterraneus*) lebt im Mittelmeer, bei Portugal, den Azoren und in Küstennähe von Westafrika. Er gehört zur Familie der Lippfische (Labridae). Das größere, bis 17 cm lange Männchen ist wundervoll dunkelrot, manchmal auch bläulich gefärbt. Im Mai und Juni baut das Paar am Übergang zwischen felsigem und sandigem Strand ein einfaches Nest aus einem Seealgenbüschel, in das das Männchen Sand spuckt und dann das Weibchen die Eier hineinlegt. Die Männchen sind ungemein aggressiv und hüten ihr Revier sorgfältig. Im Aquarium ist dieser Fisch widerstandsfähig und sehr gefräßig. Er nimmt Nahrung jeder Art.

Fünffleckiger Lippfisch [237] (*Crenilabrus quinquemaculatus*)

Dieser Lippfisch ist häufig in der Brandungszone des Mittelmeeres und der Adria zu finden. Er verbirgt sich gern in Felsspalten und im Bewuchs der Gattung *Cystoseira*; er wird etwa 16 cm lang. Er laicht von April bis Juni. Dazu hebt er im Sandboden oder auch in einer Felsvertiefung ein Nest mit einem halbmondförmigen Stirnwall aus, den er mit roten, grünen und braunen Algen bzw. mit kleinen Steinchen befestigt. Im Bild ist ein Weibchen gezeigt. Die Männchen bleiben einem Ort bis zu einem Jahr lang treu. Im Aquarium brauchen sie viele Verstecke zwischen Steinen.

Der ihm verwandte **Graue Lippfisch** (*Crenilabrus cinereus*) ist eine im Mittelmeer, in der Adria und an der Küste des Atlantischen Ozeans häufig vorkommende kleine Art, die nur 11 cm lang wird. Der Fisch hält sich am Rand von Pflanzenbewuchs der Gattung *Zostera* und *Posidonia* auf. Er laicht im Mai und Juni in seichtem, etwa 50–70 cm tiefem Wasser. Dazu hebt das Männchen mit dem Mund im Sand etwa in Körperlänge eine seichte Laichgrube aus und befestigt ihren vorderen Wall mit Algen der Gattung *Cladophora* und aufgespucktem Sand. Auf dem Eigelege liegt es mit dem Kopf schräg nach oben und vertreibt mutig auch größere Eindringlinge.

237

238

Döderleins Lippfisch [238] (*Crenilabrus doederleini*)

Dieser Fisch ist der kleinste Vertreter der Gattung *Crenilabrus* und kommt nur recht selten im Mittelmeer und in der Adria vor. Er erreicht eine Länge von nur 10 cm und lebt im Pflanzenbewuchs, vor allem auf Wiesen von Gewöhnlichem Seegras (*Zostera marina*). Das Männchen ist rot oder orangefarben, an den Körperseiten mit einem breiten braunen und darunter einem silbrigen Streifen. Die Weibchen sind grün (238). Von allen Lippfischen ist dieser sowohl in der Natur als auch im Aquarium am wenigsten gefräßig. Er lebt gewöhnlich im Pflanzendickicht und in engen Felsspalten verborgen.

Der **Schwarzschwanz-Lippfisch** (*Symphodus melanocerus*) ist zahlreich in gut verwachsenem Litoral, häufig auch in der Nähe von Hafendämmen sowohl in der Adria als auch im Mittelmeer vertreten. Sein Körper ist langgestreckt. Der Fisch erreicht eine Länge von nur 14 cm. Die jungen Exemplare sind wahrscheinlich die einzigen Fisch-„Putzer" jener Gebiete. Sie befreien nicht nur andere Lippfische von ihren Parasiten, sondern auch die Zacken- oder Sägebarsche (Serranidae) und die Meerbrassen (Sparidae). Der Fisch, der des Putzens bedürftig ist, nimmt gewöhnlich eine ungewöhnliche senkrechte Lage mit dem Kopf nach oben ein und signalisiert dadurch dem Putzerfisch sein Begehren. Der Schwarzschwanz-Lippfisch lebt jedoch nicht nur von Parasiten, sondern frißt im Aquarium gern auch Schnecken und Muscheln, Garnelen, Fischfleischstückchen und sogar mageres, in Streifen geschnittenes Geflügelfleisch.

239

Blaukopf-Junker [239, 240] (*Thalassoma bifasciatum*)

Der Blaukopf-Junker ist ein im Karibischen Meer, im Gebiet der Bermudas, südlich von Florida und im südlichen Teil des Golfes von Mexiko häufig anzutreffender Fisch. Er wird etwa 14 cm lang. Die jüngsten Exemplare sind entweder weißlich oder gelblich mit schwarzem Längsstreifen an den Körperseiten. Mit zunehmendem Alter verschwindet der Längsstreifen und die Ausfärbung des Fisches ändert sich in Kanariengelb. In dieser Farbphase, bei einer Größe um 4 cm, sind die Fischchen geschlechtsreif. Männchen und Weibchen sind jetzt gleichgefärbt (239). Beim weiteren Wachstum ändert nur das Männchen die Farbe. Sein Kopf ist nun blau, der Körper grün mit zwei Querbändern hinter den Brustflossen (240). Junge Blaukopf-Junker befreien gewöhnlich andere Fische von unerwünschten Schmarotzern. Im Aquarium sind sie dankbare Zöglinge. Sie nehmen willig Fleischnahrung, wie z.B. gefrorene Salinenkrebschen, Fleischstückchen und Trockennahrung an.

240

Schwarzblauer Rotmeerputzer [241] (*Labaricus quadrilineatus*)

Dieser Fisch ist ein typischer Putzerfisch, der endemisch im Roten Meer verbreitet ist. Er wird nur 12 cm lang. Sein Körper ist torpedoförmig und wird durch die Bewegung der Brustflossen nach vorn gezogen, wobei eine charakteristische Schaukelbewegung entsteht, die anscheinend viele Fische auffordert, sich putzen zu lassen. Die Grundfärbung ist blauschwarz mit schillerndblauen Längsstreifen. Ähnlich wie die Gewöhnlichen Putzer richten sie einen „Putzservice" an bestimmten Stellen der Korallenriffe ein, wo sie von kranken Fischen sogar zu einer bestimmten Tageszeit aufgesucht werden, die dann geduldig Schlange stehen und auf Bedienung warten.

241

242

Die **Gewöhnlichen Putzer** (*Labroides dimidiatus*) (242) und die **Schwarzblauen Rotmeerputzer** (*L. quadrilineatus*) säubern den Fischen nicht nur die Körperoberfläche, sondern sammeln großen Zackenbarschen auch die Parasiten aus der Mundhöhle und den Kiemen, indem sie unter die angehobenen Kiemendeckel vordringen. Da die Parasiten großer Fischarten einen Großteil ihrer Nahrung ausmachen, können die Putzerfische in Aquarien mit Erfolg nur zusammen mit großen Fischarten gehalten werden.

Bijouterie-Fisch [243] (*Coris formosa*)

Der Bijouterie-Fisch (Familie Labridae) ist ein im Indischen Ozean und Stillen Ozean ziemlich häufig vorkommender Fisch. Jungtiere unterscheiden sich in der Ausfärbung stark von älteren Exemplaren. Die Grundfärbung des Bijouterie-Fisches (*C. formosa*) ist in der Jugend fast gleich mit dem verwandten Clownjunker (oder Rotlinien-Lippfisch) (*C. gaimard*). Bei beiden herrscht als Grundfarbe rot bis braunrot, unterbrochen von keilförmigen weißen, schwarzgesäumten Flecken. Ausgewachsene Exemplare erreichen eine Länge von 40 cm. Ihre Grundfärbung ist dann graublau mit schwarzen Flekken. Die Kehle ist schwach violett, das Kopfvorderteil bis zum blauweißen, breiten, schrägen Querband unter den Augen gelb bis orangefarben, das Schwanzflossenende und der Afterflossensaum bläulich.

Im Aquarium lassen sich beide Arten ohne größere Schwierigkeiten auch längere Zeit halten. Sie erfordern sandigen Boden, da sie sich für die Nacht eingraben. Am besten werden die einzelnen Stücke gesondert gehalten, da die heranreifenden Exemplare untereinander sehr rauflustig sind. Die Nahrung soll verschiedenartig sein, wobei das Lebendfutter vorherrschend ist. Wenn dauernd trockene und tiefgekühlte Ersatznahrung verfüttert wird, siechen die Fische langsam dahin.

243

Meerjunker [244] (*Coris julis*)

Dieser Fisch ist im Ostatlantik von Großbritannien bis zur Bucht von Guinea, im Mittelmeer und in der Adria verbreitet. Früher waren zwei Arten anerkannt, *C. julis* und *C. giofredi*, bis man feststellte, daß es sich dabei um *C. julis* im Giofredi-Kleid handelte, d. h. um eine Färbung, die für die erste Lebenszeit von *C. julis* typisch ist, wo der Fisch als Zwitter auftritt. Die jüngeren Fische sind allgemein zuerst Weibchen. Nach einer kurzen Übergangsphase verwandeln sie sich in prachtvoll gefärbte Männchen, die bis 25 cm lang werden. Längs den Körperseiten zieht sich ein orangefarbener Streifen hin. Der Rücken ist gewöhnlich blaugrün und das Vorderteil der Körperseiten blau gestreift. Die Grundfarbe der Weibchen ist braun oder olivbraun mit einem gelben und zwei bläulichen, rötlichen oder schwarzen Längsstreifen auf den Körperseiten. Interessant ist, daß die Männchen am aktivsten in der Zeit ihrer Verwandlung sind. Sobald sie die prächtige Männchenfärbung erreicht haben, beginnt bei ihnen eine gewisse geschlechtliche Untätigkeit. Der Meerjunker ist sehr bunt gefärbt. Den ganzen Tag über schwimmt er lebhaft umher und am Abend vergräbt er sich im Sand. Im Winter übersiedelt er in größere Tiefen und im Frühjahr wieder zur Küste, wo er laicht. Die Eier sind klein, rund, nur 0,65 mm im Durchmesser und schweben dank des großen Fetttropfens. Im Aquarium verträgt der Meerjunker zu hohe Temperaturen schlecht. Das Optimum liegt bei 21–23 °C. Die Fische sind gefräßig, es schmeckt ihnen jedes Fleisch: Süßwassermuscheln, Schnecken, Salinenkrebschen ebenso wie in Streifen geschnittenes Fischfleisch. Dank der einfachen Fütterung halten sie im Aquarium lange aus und gedeihen gut.

244

245

Feenbarsch [245] (*Gramma hemichrysos*)

Der Feenbarsch ist ein im Karibischen Meer häufig vorkommender Fisch, der nur 6 cm lang wird (Familie der Zacken- oder Sägebarsche, Serranidae). In der Natur lebt er in Korallenriffen in einer Tiefe von 4–6 Metern. Im Aquarium muß er viele Schlupfwinkel haben, gleichgültig, ob er allein oder zusammen mit mehreren seinesgleichen gehalten wird. Ähnlich wie die großen Zackenbarsche „steht" er gern vor seinem Schlupfwinkel und beobachtet die Umgebung. Er verteidigt sein Revier gegenüber den übrigen Artgenossen energisch. Das kristallklare Wasser, in dem er lebt, muß um 28 °C warm sein. Er ist nicht wählerisch und begnügt sich für kürzere Zeit auch mit Trockenfutter. Da sein Fang schwierig ist, vermag die Einfuhr die Nachfrage nicht zu decken.

Gelbkopfjunker [246] (*Halichoeres garnoti*)

Dieser Junker ist in der Karibik und im südwestlichen Atlantischen Ozean weit verbreitet. Er kommt auch in der Umgebung der Bahamas vor, ebenso wie in Küstennähe von Florida bis Südostbrasilien, immer unweit von Korallenriffen und in Tiefen bis 50 Meter. Die Jungfische erinnern an die der Flossenfleckjunker (*H. maculipinna*), doch verläuft der schwarze Längsstreifen an den Körperseiten bei ihnen niedriger. Die Männchen werden etwa 14 cm lang, die Weibchen sind kleiner. Die größten Einzeltiere erreichen Längen bis 19 cm.

246

247

Mittelmeer-Pfauenjunker [247] (*Thalassoma pavo*)

Dieser Fisch stammt aus den Gewässern des Ostatlantiks und aus dem Mittelmeer. Er wird etwa 20 cm lang und ist je nach Alter und Fangort sehr unterschiedlich ausgefärbt. Einzelne Exemplare aus dem Mittelmeer sind bräunlich, während jene von den Desertas-Inseln vorherrschend eine grüne Grundfärbung aufweisen (siehe Abb. 247). Im Aquarium fühlt sich der Fisch bei einer Wassertemperatur von 21–24 °C wohl. Er liebt abwechslungsreiche Kost, ist langlebig und nicht nur gegen Artgenossen sondern auch gegen die übrigen Beckenbewohner aggressiv.

Kiemendeckeldorn-Soldatenfisch [248] (*Sargocentron spiniferum*)

Dieser Soldatenfisch zählt zur Familie der Soldatenfische (Holocentridae). Vom Zentralteil des Indopazifiks (Ozeanien, Hawai) bis Südafrika in westlicher Richtung ist er häufig vertreten. Die Abbildung zeigt ein Exemplar aus dem Roten Meer. Der Fisch erreicht Längen bis 36 cm. Im Gegensatz zu den übrigen längsgestreiften Soldatenfischen ist diese Art einfarbig leuchtend rot. Die Brust- und Bauchflossen sowie der hintere Teil der Rücken- und Afterflossen sind ausgeprägt gelb. Auf dem unteren Hinterrand des Vorderkiemendeckels trägt er einen auffallend großen gelblichen bis weißlichen Dorn. Für das Aquarium eignen sich wegen ihrer Unverträglichkeit und Größe nur junge Exemplare. Sie nehmen Fleischnahrung jeder Art an.

Schwarzbinden-Schmetterlingsfisch [249] (*Chaetodon striatus*)

Dieser Fisch im Westatlantik von Brasilien über die Bermudas nach Norden zu bis Massachusetts weit verbreitet. Er wird höchstens 15 cm lang, lebt in der Nähe von Klippen, doch ist er bei Ebbe auch in seegrasbewachsenen Tümpeln anzutreffen. Seine ausge-

248

prägten feinen Querstreifen verleihen ihm eine wirkungsvolle Schutzfärbung. Dadurch entgeht er häufig der Aufmerksamkeit der Taucher. In der Gefangenschaft nimmt er bald gierig Ersatznahrung auf. Er ist langlebig. Leider werden diese Fische selten gefangen und nach Europa nur vereinzelt eingeführt.

249

250

251

Pinzettenfisch [250] (*Chelmon rostratus*)

Der Pinzettenfisch ist ein häufig vorkommender Korallenfisch des Indopazifischen Raumes. Er wird etwa 17 cm lang (Borstenzähner, Chaetodontidae). Ob die Akklimatisierung im Aquarium gelingt, ist bei ihm immer nur eine Nahrungsfrage. Die stark in die Länge gezogenen Kiefer weisen auf eine ausgesprochene Nahrungsspezialisierung hin. Er zieht nämlich seine Nahrung aus den Korallenstöcken heraus. Im Wasser schwebendes Plankton lehnt er gewöhnlich ab, doch läßt er sich mit an einem Korallenästchen aufgespießten Fleischstücken von Weichtieren, Fischen oder Garnelen heranlocken und gewöhnen, und es besteht dann die Hoffnung, daß der Fisch später normal gefüttert werden kann. Gewöhnlich läßt er sich bald durch die anderen Fische dazu verführen, die Nahrung vom Boden aufzusammeln.

Gelber Rotmeerschmetterling [251] (*Chaetodon semilarvatus*)

Dieser Fisch kommt endemisch im Roten Meer vor. Er erreicht eine Länge von ungefähr 20 cm und wird trotz seiner Schönheit und Beliebtheit für Meeresaquarien leider selten importiert. Bei Fischen aus der Natur ist es am wichtigsten, sie so schnell wie möglich an Ersatzfutter zu gewöhnen. Ein frischgekaufter Fisch darf nicht abgemagert sein und muß Nahrung annehmen. Nur solche Exemplare können später langlebige Bewohner unserer Aquarien werden.

Fähnchenschmetterling [252] (*Chaetodon auriga*)

Dieser Schmetterlingsfisch lebt im Stillen Ozean, im Indischen Ozean und im Roten Meer. An den Küsten Australiens wird er bis 20 cm, um die Hawaiischen Inseln nur 14 cm lang. Im Seeaquarium ist er eine der widerstandsfähigsten Arten. Schon wenige Stunden nach dem Import gewöhnt er sich an das neue Milieu und beginnt Nahrung anzunehmen. Er ist dabei nicht wählerisch und frißt sowohl lebende Happen als auch lyophilisierte (gefriergetrocknete) Krebstiere. Bald ist der Fisch so gefräßig, daß auf regelmäßige Fütterung in kleineren Mengen geachtet werden muß. Sowohl längeres Hungern als auch Überfütterung, die ihm Verdauungsschwierigkeiten bereitet, sind schädlich.

252

Vieraugen-Schmetterling [253] (*Chaetodon capistratus*)

Dieser Fisch ist die im tropischen Teil des Atlantiks und im Karibischen Meer am häufigsten vorkommende Art. In der Natur frißt er gern die Cirren der Vielborster und die Tentakel der Seeanemonen an. In der Gefangenschaft muß er an andere Nahrung gewöhnt werden, am besten auf lyophilisierte *Tubifex*-Würmer oder Salinenkrebschen, auch auf lebende Würmer. Einige Exemplare gewöhnen sich leider nicht an die gebotene Nahrung und sterben im Lauf von 8–10 Wochen ab. Auf dem amerikanischen Markt wird der Vieraugen-Schmetterling häufig angeboten, nach Europa dagegen weniger oft importiert.

253

Braungebänderter Schmetterling [254] (*Parachaetodon ocellatus*)

Dieser Schmetterlingsfisch stammt aus dem tropischen Teil des Indopazifiks. Er wird ungefähr 15 cm lang. Im Aquarium fühlt er sich bald heimisch und nimmt willig die gebotene Nahrung an. Er ist wärmeliebend und braucht eine Wassertemperatur von 25 °C. Als Nahrung dienen lebende Salinenkrebschen ebenso wie Enchyträen, Garnelen und Weichtiere. Er hält sich in den unteren Schichten in Bodennähe auf, ist friedliebend, geht Zänkereien immer aus dem Wege, wird, verglichen mit verwandten Arten, bald zahm und verliert seine Scheu.

Korankaiserfisch oder **Trauergaukler** [255] (*Chaetodontoplus mesoleucus*)

Dieser Fisch besiedelt die Korallenriffe des Roten Meeres und wird etwa 16 cm lang. Wie alle Fische dieses Gebietes ist er ausnehmend wärmeliebend und braucht eine Wassertemperatur um 28 °C. Er zählt keinesfalls zu den problematischen Korallenfischen und nimmt bald Ersatzfutter in Form von Fleisch verschiedener Krebstiere, z. B. Schwebgarnelen der Gattung *Mysis* oder Felsgarnelen sowie Schnecken an. Auch *Tubifex*-Würmer schluckt er in ganzen Knäueln.

254

255

Wimpelfisch [256] (*Heniochus acuminatus*)

Diese Fischart ist im Stillen und Indischen Ozean sowie im Roten Meer beheimatet. Die Borstenzähner der Gattung *Heniochus* leben in großen Schwärmen. Auffallend an ihnen sind die dunklen Querstreifen und die gelben Brust-, Rücken- und Schwanzflossen. Junge Exemplare tragen 11–13 harte Strahlen in der Rückenflosse, wovon der vierte fadenförmig verlängert ist. Im Aquarium ist der Wimpelfisch sehr widerstandsfähig und anspruchslos. Er frißt praktisch alles und nimmt die Nahrung gern direkt aus den Fingern des Züchters. Medikamente mit Kupferverbindungen verträgt er schlecht. In der Seeaquaristik zählt er zu den meistgehaltenen Fischen.

256

257

Gefleckter Argusfisch [257] (*Scatophagus argus*)

Dieser Fisch aus der Familie der Argusfische – Scatophagidae – bewohnt die Küstengebiete des tropischen Teiles des Indopazifiks und wird 30 cm lang. Er lebt im Salz-, Brack- und Süßwasser. Erwachsene Exemplare fühlen sich jedoch im Meerwasser wohler. Wie der lateinische Gattungsname sagt, frißt er mit Vorliebe Exkremente und hält sich deshalb häufig an den Kanalausmündungen im Meer auf. Er ist Allesfresser. Im Aquarium nimmt er nicht nur Lebendnahrung an, sondern auch Algen, Kopfsalat, gebrühten Spinat und eingeweichte Haferflocken. Sein Mund ist klein. Der Fisch schwimmt ebenso schaukelnd wie die Korallenfische. Da er offensichtlich die viele Nahrung nicht völlig verdaut, trüben seine Exkremente das Wasser des Beckens, aus dem die große Detritusmenge durch intensive Wasserfiltration entfernt werden muß. Häufig wird auch der Rote Argus (*S. argus rubrifrons*) importiert. Junge Exemplare sind gefleckt und quergestreift, erwachsene einfarbig grün oder bräunlich.

Vereinzelt werden noch zwei weitere Arten aus der Familie der Argusfische eingeführt, der Vierdorn-Argusfisch (*S. tetracanthus*) und der Quergestreifte Argusfisch (*Selenotoca multifasciata*). Die Zuchttemperatur für alle liegt zwischen 20–28 °C. Die Eltern betreuen Eier und Jungfische auf einem Stein, ähnlich wie die lithophilen Cichliden. Die jungen Fische haben lange einen Knochenpanzer an Kopf und Schultern. In der Gefangeschaft ist es bisher noch nicht gelungen, eine der angeführten Arten zu vermehren.

Orangeringelfisch [258] (*Amphiprion ocellaris*)

Dieser Fisch gehört in die Familie der Riffbarsche (Pomacentridae), von denen gegenwärtig etwa 15 Gattungen mit fast 200 Arten bekannt sind. Allein die Anemonenfische der Gattung *Amphiprion* umfassen 26 Arten. Der Orangeringelfisch ist am häufigsten im Indischen Ozean und am Westrand des Stillen Ozeans zu finden. Er wird etwa 10 cm lang. Wegen seiner Farbenpracht ist er sehr beliebt. Seine Haltung in der Gefangenschaft ist nicht ganz einfach. Er lebt, wie auch die übrigen Anemonenfische, in der Natur ausschließlich in Symbiose mit großen Seeanemonen. Häufig kugeln sich die Fische zwischen den Tentakeln der Seeanemonen der Gattungen *Discosoma* und *Stoichactis* ganz zusammen. Die Seeanemonen scheinen bei der Berührung mit Ringelfischen kein Gift abzusondern, denn sie sind dagegen nicht immun. Er wirkt auf sie ebenso stark wie auf andere Fische. Bei Gefahr verstecken sie sich in den Korallenzweigen. Der Orangeringelfisch und einige weitere Anemonenfische haben sich in der Gefangenschaft vermehrt. Ihre Eier legen und pflegen sie auf dem mächtigen Unterteil des Seeanemonenfußes im Schutz der Nesseltentakel.

258

Glühkohlenfisch [259] (*Amphiprion frenatus*)

Dieser Fisch ist im Stillen und Indischen Ozean verbreitet. Er erreicht eine Länge von 14 cm. Bei den Aquarianern gilt er als widerstandsfähigste und von symbiotischen Beziehungen mit Seeanemonen am wenigsten abhängige Art. Er wurde in der Gefangenschaft bereits vermehrt.

Dreibinden-Anemonenfisch [260] (*Amphiprion sebae*)

Dieser Anemonenfisch lebt in großen Mengen im Stillen und im Indischen Ozean und wird etwa 10 cm lang.

Er ist ein naher Verwandter des Schwarzen Zweibinden-Anemonenfisches (*A. polymnus*), bei dem jedoch beim erwachsenen Fisch der zweite weiße Streifen nie bis zum Bauch reicht, sondern sattelförmig in der Rückenflosse ausgebildet ist und nur teil-

259

weise in den mittleren Rückenteil des Körpers übergeht. Der Dreibinden-Anemonenfisch läßt sich in der Gefangenschaft sehr gut halten, ist jedoch viel anspruchsvoller als der Glühkohlenfisch.

Die meisten Anemonenfische sind voneinander schwer zu unterscheiden, da viele Arten in der Jugendfärbung fast gleich sind. Deshalb sind in der Literatur verschiedene Bezeichnungen für dieselbe Art anzutreffen. Eine ausgezeichnete Revision der Gattung *Amphiprion* veröffentliche 1972 G. R. Allen, der viele Jahre lang in der Natur die einzelnen Entwicklungsstadien der Ausfärbung aller bekannter Arten beobachtete, sie einwandfrei identifizierte und sowohl fotografisch als auch in Zeichnungen dokumentierte. Die Ergebnisse wurden von uns bei der Bezeichnung der einzelnen Arten voll ausgewertet.

260

Schwarzer Dreibinden-Anemonenfisch [261] (*Amphiprion latifasciatus*)

Dieser Fisch ist nur aus dem Indischen Ozean bekannt. In der aquaristischen Literatur wird er gewöhnlich unter dem Namen *A. xanthurus* geführt. Er erreicht eine Länge von 12 cm. In der Gefangenschaft zählt er zu den widerstandsfähigsten Arten. Er hält sich gern zwischen den Nesseltentakeln der Seeanemonen auf, ist aber nicht wählerisch, was ihre Artzugehörigkeit anbelangt und begnügt sich häufig auch mit Anemonen aus dem Mittelmeer.

261

Preußenfisch [262] (*Dascyllus aruanus*)

Der Preußenfisch ist eine im Indopazifik und im Roten Meer häufig vorkommende Art. Besonders häufig wird er um Südafrika, Indien sowie an der australischen, der chinesischen und der melanesischen Küste gefangen. Er wird 8 cm lang.

Oft wird er mit dem Perl-Preußenfisch (*D. melanurus*) verwechselt, der jedoch einen breiten schwarzen Fleck auf der Schwanzflosse hat. Der Preußenfisch ist in den Aquarien sehr populär und wird zu Tausenden vor allem von den Philippinen und von Sri Lanka sowohl in die USA als auch nach Europa eingeführt. In der Gefangenschaft läßt er sich leicht halten, bereitet aber seinen Züchtern wegen seiner Bissigkeit und Rauflust häufig Sorgen. Diese und weitere *Dascyllus*-Arten eignen sich besonders gut für Seeaquaristik-Anfänger.

262

Dreipunkt-Riffbarsch oder **Schwarzer Preußenfisch** [263] (*Dascyllus trimaculatus*)

Dieser Preußenfisch ist im Roten Meer, um Südafrika und in Polynesien zahlreich vertreten. Er wird etwa 12 cm lang. Der erwachsene Fisch ist von der Art *D. albisella* nur schwer zu unterscheiden, die ihn auf den Hawaiischen Inseln ersetzt. Der Riffbarsch (*D. albisella*) hat nur einen einzigen großen weißen Fleck in der Mitte des Körpers, der jedoch allmählich verschwindet, so daß die erwachsenen Fische die gleiche dunkle, durch nichts unterbrochene Färbung aufweisen.

Der Dreipunkt-Riffbarsch ist eine widerstandsfähige Art, die zwischen den Korallenästen ständig nach kleinen Krebstieren sucht. Ihre Hauptnahrung bilden kleine Garne-

263

len und verschiedene Krabbenlarvenstadien. Häufig sammelt sie auch die Schmarotzer von den Körpern anderer Fische ab. Im Aquarium frißt sie mit Vorliebe lyophilisierte (gefriergetrocknete) Salinenkrebse.

264

Rotmeer-Riffbarsch [264] (*Dascyllus carneus*)

Dieser Riffbarsch ist ein Bewohner des Roten Meeres, kommt aber wahrscheinlich auch im ganzen tropischen Teil des Indopazifischen Raumes vor. Er wird ungefähr 6 cm lang. Seine Haltung im Aquarium ist einfach und identisch mit der vorigen Art.

265

Neon-Riffbarsch [265] (*Abudefduf oxyodon*)

Dieser Fsch lebt im indoaustralischen Gebiet des Stillen Ozeans. Er erreicht eine Länge von 10 cm. Im Aquarium gewöhnt er sich leicht an Ersatznahrung. Dafür bereitet er seinen Züchtern andere Sorgen. Trotz seiner kleinen Größe ist er ungemein bissig und sehr anfällig gegen die verschiedensten Krankheiten, denen er häufig erliegt.

Blaue Demoiselle [266] (*Glyphidodontops cyaneus*)

Dieser Fisch lebt im Stillen und im Indischen Ozean besonders an den Kűsten Australiens; Größe bis 6 cm. Er bewegt sich im Schwarm über Korallenriffen und -barrieren. Er laicht an der Decke einer Steinhöhle ab. 4–5 Tage wird das Eigelege vom Männchen bewacht. Im Aquarium nimmt der Fisch schnell lebende und tote Ersatznahrung an. Er ist häufig raufsüchtig und bissig.

266

Blaugelber Schwalbenschwanz [267] (*Glyphidodontops hemicyaneus*)

Dieser Fisch stammt aus dem indoaustralischen Gebiet und wird etwa 6 cm lang. Junge Exemplare sind blau mit gelben Schwanzflossen. Mit zunehmendem Alter wird die blaue Farbe dunkler und matter, das Gelb-Orange der Schwanzflosse dagegen bleibt erhalten. Der Fisch ist ebenso unverträglich wie die Blaue Demoiselle.

267

268

Kaiserfisch [268, 269] (*Pomacanthodes imperator*)

Dieser Fisch lebt im Stillen und im Indischen Ozean, westlich von Madagaskar und der ostafrikanischen Küste. Er wird 40 cm lang. Auch er gehört in die Familie der Kaiserfische (Pomacanthidae), die sich schon auf den ersten Blick von den Borstenzähnern durch den starken Dorn am unteren Hinterrand des Kiemendeckels unterscheiden. Einige Arten bilden Paare mit ziemlich fester Bindung, andere sind Einzelgänger. Farblich sind die Kaiserfische die buntesten Wesen der warmen Meere. Viele sind in der Jugend ganz anders gefärbt als in der Reife bzw. sie ändern mit zunehmendem Alter und wachsender Größe mehrmals ihr Kleid. Sie schwimmen mit charakteristischen

269

Rückbewegungen und sammeln ihre Nahrung auf Korallen und Steinen. Häufig halten sie sich in der Nähe von Höhlen auf, in denen sie sich verstecken, wenn sie sich bedroht fühlen. Werden sie auch weiterhin gestört, dann geben sie unter dem Wasser klar hörbare, klappernde Töne von sich. In der Gefangenschaft müssen alle Kaiserfische mit Pflanzen, am besten mit Kopfsalat, zugefüttert werden. Einige von ihnen sind sehr empfindlich und können nur mühevoll an Ersatznahrung gewöhnt werden.

Die Jungen des Kaiserfisches (*P. imperator*) sind sattblau gefärbt mit vielen konzentrischen weißen Streifen auf dem Körper (269) und einer komplizierten Zeichnung auf den Flossen. Die Färbung ändert sich mit der Geschlechtsreife. Erwachsene Exemplare (268) sind rötlich bis purpurrot und haben etwa 20–28 sattgelbe Streifen, die von der Spitze bis zur Basis der orangefarbenen Schwanzflosse verlaufen. Die Fische lassen sich mit Vorliebe von Gewöhnlichen Putzern (*Labroides dimidiatus*) reinigen.

Ringelkaiserfisch [270] (*Pomacanthodes annularis*)

Dieser Kaiserfisch kommt in Stillen und im Indischen Ozean besonders an den Küsten Australiens, Indiens und Sri Lankas häufig vor.

Um Sri Lanka lebt er auch in stark getrübtem Wasser. Die Jungfische erscheinen hier zu Beginn des Kalenderjahres, d. h. in der wärmsten Jahreszeit; ihr Fang ist verhältnismäßig leicht. Dagegen sind erwachsene Ringelkaiserfische schwierig zu erbeuten, da sie sich am Tag in den Korallen versteckt halten. Am besten gelingt es in Mondnächten, wo sie auf Felsen wie schlafend ausruhen. Vom Licht einer Handlampe geblendet, fängt man sie dann mit einem Netz.

270

271

Weißkehl-Doktorfisch [271] (*Acanthurus leucosternon*)

Dieser Fisch ist aus dem Stillen und dem Indischen Ozean, von den Küsten Ostafrikas und den Komoren bekannt. Die afrikanische Population unterscheidet sich ziemlich stark von jener des Stillen Ozeans. Der Fisch ist wegen seiner Farbenpracht bei den Aquarianern sehr beliebt. Er frißt praktisch alles, zieht aber Pflanzenkost tierischer

272

Nahrung vor. Er braucht eine verhältnismäßig hohe Wassertemperatur von 25–28 °C. In der Natur kommt er nur in kleiner Zahl vor (Doktorfische, Acanthuridae).

Rotzahn-Drückerfisch [272] (*Odonus niger*)

Dieser Drückerfisch ist eine im Indischen und Stillen Ozean beheimatete und im Aquarium am häufigsten von allen Vertretern der Familie der Drückerfische (Balistidae) gehaltene Art. Der friedliebende, zahme Fisch frißt dem Züchter die Fleischnahrung aus der Hand. Er hat orangefarbene bis rote Zähne.

Blauer Halbmond-Kaiserfisch [273] (*Arusetta asfur*)

Dieser Fisch stammt aus dem Roten Meer und wird etwa 16 cm lang (Kaiserfische, Pomacanthidae). Er gewöhnt sich schnell an den Aufenthalt im Aquarium und lebt dort jahrelang. Für pflanzliche Zusatzkost ist er dankbar.

273

Solanders Spitznase [274] (*Canthigaster solandri*)

Die Solanders Spitznase ist ein im Stillen und Indischen Ozean sowie im Roten Meer sehr häufig auftretender Fisch aus der Familie der Spitzkopfkugelfische (Canthigasteridae). Er kann jedes Auge einzeln – unabhängig vom anderen – bewegen und ist unglaublich neugierig. Wie seine näheren und weiteren Verwandten, die Spitzkopfkugelfische und die Drückerfische (Balistidae), frißt auch er mit Vorliebe Schnecken sowie alles Lebende und Tote, was er im Aquarium entdeckt und sorgt so als „Gesundheitspolizei" dafür, daß das Wasser des Meeresaquariums nicht trübe wird und verdirbt. Er nimmt auch gefrorene und lyophilisierte Nahrung an, wie Salinenkrebse und *Tubifex*-Würmer.

274

Gelber Kugelfisch [275] (*Arothron nigropunctatus*)

Dieser Fisch ist ein Bewohner des Indischen Ozeans mit reichem Vorkommen von Südafrika bis Polynesien. In der Umgebung der Seychellen werden bis 35 cm lange Exemplare gefangen. Nach Osten hin nimmt ihre Größe ab. Im Aquarium sticht ihre zitronengelbe Färbung mit schwarzen Tüpfelchen ins Auge. Die Zähne sind weiß. Der Fisch knabbert lebende Korallen ab und gewöhnt sich nur schwer an Ersatznahrung.

Weißflecken-Kugelfisch oder **Grauer Puffer** [276] (*Arothron hispidus*)

Dieser Fisch ist aus dem Gebiet der Seychellen und von vielen Orten der Tropenzone des Indischen und Stillen Ozeans bekannt. Er wird etwa 50 cm lang. Um die Brustflossenbasis und die Kiemenöffnungen liegt eine gelbovale, dunkelgesäumte Zeichnung. Junge Exemplare sind farbenfroher als erwachsene. Als Nahrung lieben sie vor allem Seekrebstiere, nehmen in der Gefangenschaft aber willig auch Schneckenfleisch und andere tierische Nahrung an. Sie verstecken sich gern in Höhlen in Korallen oder unter Steinen.

275

276

Halbmond-Kaiserfisch [277] (*Pomacanthodes maculosus*)

Dieser Fisch zählt zur Familie der Kaiserfische (Pomacanthidae). Seine Heimat ist das Rote Meer. Er wird bis 40 cm lang. Typisch für diese Art ist die halbmondförmige Zeichnung in der Körpermitte. Im Aquarium akklimatisiert er sich leicht und behält lange seine gute Kondition. Er ist für pfanzliche Zusatznahrung dankbar. Der Fisch wird von den Aquarianern manchmal mit dem Blauen Halbmond-Kaiserfisch verwechselt (siehe Seite 233).

277

Schwarzer Kaiserfisch [278] (*Pomacanthus arcuatus*)

Dieser Kaiserfisch lebt in der Karibik und erreicht eine Länge von bis 40 cm. Wie alle Arten der Familie Kaiserfische (Pomacanthidae) ist auch er in der Jugend ganz anders ausgefärbt als das erwachsene Tier. Während junge Exemplare eine dunkle bis schwarze Grundfärbung tragen und hell quergestreift sind (278), sind geschlechtsreife Fische grau mit dunkel gesäumten Flossen und einem schwarzen Fleck auf jeder Schuppe. Rücken- und Afterflosse sind stark entwickelt und am Ende zugespitzt und sehr langgezogen. Die Jungfische des Schwarzen Kaiserfisches ähneln stark den Jungfischen des Französischen Kaiserfisches (*Pomacanthus paru*). Im Aquarium sind die Kaiserfische bezüglich Nahrung nicht sehr wählerisch und nehmen lebende, gefrostete und künstliche Nahrung an. Dagegen sind sie sehr empfindlich, was Reinheit und Chemismus des Wassers anbelangt. Schimmelbefall ist häufig.

Kampffeuerfisch [279] (*Pterois miles*)

Dieser Feuerfisch gehört in die Familie der Drachenköpfe (Scorpaenidae), die an den Flossenstrahlwurzeln und neben den Dornen am Kopf Giftdrüsen haben. Mit ihnen verursachen sie empfindlich schmerzende Verletzungen und gefährliche Vergiftungen.

278

P. miles ist ein naher Verwandter, nach einigen Autoren identisch mit dem Rotfeuerfisch (*P. volitans*), der im Roten Meer, bei Südafrika und in Polynesien beheimatet ist. Er erreicht eine Länge von 25–35 cm. Sein Körper ist mit dunklen Querstreifen ge-

279

280

schmückt. Die Haut in der Rücken- und in den Brustflossen ist so stark entwickelt, daß sie einen vollständigen Fächer bildet.

Venezianische Meergrundel [280] (*Gobius ophiocephalus*)

Diese Meergrundel aus der Familie der Grundeln (Gobiidae) besitzt die Bauchflossen, die ganz oder teilweise zu einem Saugorgan zusammengewachsen sind. Zu dieser Familie gehören viele kleine, in der Brandungszone lebende Tropenarten. Die etwa 10 cm lange Venezianische Meergrundel lebt in großer Zahl im Mittelmeer und in der Adria. Sie hält sich mit Vorliebe zwischen Seegras der Gattung *Zostera* auf und laicht von März bis Mai. An das Leben im Aquarium gewöhnt sie sich rasch und nimmt willig verschiedene tierische Nahrung an.

Anemonen- oder **Streifengrundel** [281] (*Gobius bucchichii*)

Dieser Fisch ist eine in der Brandungszone des Mittelmeeres und der Adria ebenso wie auch in den Häfen häufig vorkommende Art. Der Fisch lebt in der Nähe von Seeanemonen der Art *Anemonia sulcata*. Vor der Wirkung ihrer Nesseltentakel schützt ihn eine Schleimschicht auf seinem Körper. Gegen andere Seeanemonen ist er jedoch nicht immun. An die Anemonen ist er nicht unbedingt gebunden, er versteckt sich nur bei Gefahr in ihren Fangarmen. Ohne vorhergehende Gewöhnung sucht er im Aquarium in Anemonententakeln jeder Art Schutz. Er verspeist mit Appetit Krebstiere und Fleischstückchen.

Läppchen-Schleimfisch [282] (*Parablennius tentacularis*)

Dieser Fisch zählt zur Familie der Schleimfische (Blenniidae), die in den Küstenzonen aller wärmeren und tropischen Meere beheimatet sind. Einige Arten leben in Brack-

281

gewässern und vereinzelt auch in Süßgewässern. Eine gründliche Revision der Sippe *Blenniini* (Familie Blenniidae) veröffentlichte H. Bath im Jahr 1977 mit einer Endzahl von 15 Gattungen und 70 Arten. In der Taxonomie und Nomenklatur wurde von seinen hervorragenden Wahrnehmungen und Ergebnissen Gebrauch gemacht.

Der Läppchen-Schleimfisch ist im Mittelmeer und in der Adria weit verbreitet. Er bewohnt Hohlräume in Steinen und Felsen mit Pflanzenbewuchs der Gattung *Posidonia*. In der Natur schaffen sich die Männchen Reviere und betreuen in den Höhlen und Steinlöchern ihr Eigelege. Im Aquarium muß eine genügend große Zahl von Verstecken vorhanden sein, unter denen das Männchen wühlt und dieses Versteck dann vor Rivalen verteidigt. Bei jedem Mangel an Unterschlupf töten die Männchen einander. Der Fisch wird etwa 15 cm lang.

282

Längsband-Schleimfisch [283] (*Parablennius rouxi*)

Dieser Fisch bewohnt die felsigen Küsten der Adria und des Mittelmeeres. Er hält sich in Tiefen um 25 m auf. In letzter Zeit fand er sich auf der Insel Vis fast massenhaft an den Mündungen der städtischen Kanalisation (Komiža, Vis). Er wird etwa 7 cm lang. Das Männchen ist größer und robuster als das Weibchen. Es hat am Anfang der Rükkenflosse einen metallisch glänzenden „Spiegel" und mächtigere Augententakel. Im Aquarium ist der Fisch ziemlich empfindlich. Er stellt hohe Ansprüche an den Sauerstoffgehalt des Wassers und benötigt niedrigere Temperaturen.

Der noch kleinere **Adriatische Schleimfisch** (*Lipophrys adriaticus*) stammt aus der Adria und dem Mittelmeer. Am häufigsten lebt er an der Gezeitengrenze in Steinen oder Hafenmauern, aber auch in Löchern der Gewöhnlichen Bohrmuschel (*Pholas dactylus*). Der Fisch wird nur 5 cm lang. Von den das Eigelege hütenden Männchen schaut gewöhnlich nur der Kopf aus dem Loch heraus. Auf Nahrungssuche begeben sie sich nur am frühen Morgen und Abend während der Flut.

Der **Dalmatinische Schleimfisch** (*Lipophrys dalmatinus*) lebt in dem gleichen Verbreitungsgebiet wie die vorangehende Art; er wird nur 4 cm lang. Auch die Lebensgewohnheiten sind die gleichen. Die aus den Löchern schauenden Köpfe der Männchen sind leuchtendgelb. In der Gefangenschaft begnügt er sich auch mit einem kleineren Aquarium. Wichtig sind dagegen die engen Verstecke. Er frißt kleine Krebstiere, Würmer und kleine Schneckenfleischstückchen.

283

284

Zvonimirs Schleimfisch (*Pictiblennius zvonimiri*) ist an felsigen Ufern mit Algenbewuchs des Schwarzen Meeres, der Adria und des Mittelmeeres zahlreich vertreten. Er siedelt in engen Felsspalten und zwischen großen Steinblöcken auf schattigen Hängen mit durch Pflanzenbewuchs verdeckten Öffnungen. Das Männchen ist größer als das Weibchen und erreicht eine Länge von etwa 7 cm. Sein Kopf ist braunrot. Bei der Balz kommt es mit wiegenden Bewegungen auf das Weibchen zu und führt es zu seiner Höhle. Gleichzeitig biegt er den Vorderteil seines Körpers auf und ab. An das Leben im Aquarium gewöhnt er sich leicht, bedarf jedoch absolut reinen Wassers.

Blutstriemenschleimfisch [284] (*Pictiblennius sanguinolentus*)

Dieser Fisch ist eine im Schwarzen Meer, in der Adria und im Mittelmeer sowie im Atlantischen Ozean vorkommende Art, die eine Länge von ungefähr 20 cm erreicht. Schon auf den ersten Blick unterscheidet sie sich von den übrigen Schleimfischen dadurch, daß sie ziemlich frei auch in größeren Entfernungen zur Bodennähe schwimmt und daß ihr Bauch ewig mit Fleischnahrung zum Platzen vollgefüllt ist. Der Fisch ist ziemlich scheu und wechselt häufig seine Verstecke. Laichzeit ist von April bis August. Das Männchen bewacht das große Eigelege (3000–12 000 Eier) unter einem Stein oder in einem Felsspalt. Die Grundfarbe ist olivgrün, gelblich, manchmal braun und ändert sich hauptsächlich nach der Unterlage, auf der der Fisch lebt. Die Ränder der Brustflossen sind gewöhnlich rotgefleckt. Noch größere Körpermaße, etwa 20–25 cm, erreicht der Gestreifte Schleimfisch (*Parablennius gattorugine*) mit riesigen, bäumchenartig verästelten Augententakeln. Das Fleisch aller Schleimfische ist sehr schmackhaft und in bestimmten Regionen sehr beliebt.

Der **Kapuziner-Schleimfisch** (*Coryphoblennius galerita*) ist im Mittelmeer an der nordafrikanischen Küste, im Atlantischen Ozean und im Ärmelkanal bis hinauf in die Nordsee stark verbreitet. Er lebt in Steinhöhlen und Felsspalten. Während der Bran-

dung springt er zur Nahrungssuche an Land und verspeist z.B. Seepocken (*Chthamalus stellatus*). Er wird etwa 7 cm lang und ist bezüglich des Sauerstoffgehaltes des Wassers sehr anspruchsvoll.

Katzenbuckel-Schleimfisch [285] (*Lipophrys canevae*)

Dieser Fisch tritt sehr unregelmäßig längs der Adria- und der Mittelmeerküste meist in Gruppen und immer unter der Gezeitengrenze auf. Er wird 7 cm lang. In der Laichzeit im Juni bis August sind die kämpfenden Männchen prachtvoll gefärbt. Kehle und Kiemendeckel sind hellgelb bis orangerot, die Stirn ist blau bis schwarz, die Wangen dunkelgrau. Bei seitlichen Attacken bildet der gewölbte Rücken einen „Katzenbuckel". Beim Balzen heben die Männchen die Kiemendeckel und beim Heranlocken des Weibchens zucken sie mit dem Kopf und weisen ihm durch Zickzackschwimmen den Weg in die Höhle.

285

Sphinx-Schleimfisch [287] (*Aidablennius sphynx*)

Dieser kleine Schleimfisch lebt im Schwarzen Meer, in der Adria und im Mittelmeer, erreicht eine Länge von 8 cm und ist wunderschön buntgefärbt mit hoher Rückenflosse. Er laicht im Mai und im Juni in Höhlen.

Das Männchen säubert mit dem Mund die Umgebung der Höhle von Sand, Algen und Muschelschalen und trägt alles so weit wie möglich fort. Es wohnt in der Brandungszone und verläßt das Gelege nicht, solange es bei Ebbe nicht abtrocknet, sonst kehrt es sofort bei Flut zu ihm zurück. Es hat einen ausgezeichneten Orientierungssinn, denn es findet, wenn es 50 Meter weit fortgetragen wird, in 24 Stunden wieder den Weg zum Nestort zurück. Im Aquarium lebt sich der Fisch gut ein, ist neugierig und frißt gern Plankton-Krebstiere ebenso wie *Tubifex*-Würmer und kleine Stückchen von Fisch- und Geflügelfleisch.

286

Pfauenschleimfisch [286] (*Salaria pavo*)

Der Pfauenschleimfisch ist in großer Zahl im Schwarzen Meer, in der Adria und im Mittelmeer verbreitet. Er wird 12 cm lang. Im Aquarium wurde diese Art bereits mehrmals vermehrt. Sie verträgt gut auch Brackwasser. Der Fisch lebt unter den Steinen in Höhlen. Die Eier legt er an die Decke. Die Eier brütet das Männchen. Bei Ebbe dürfen die Eier nicht trocken werden. Die Haltung im Aquarium ist einfach. Angesichts seiner Größe braucht dieser Fisch viel Raum. Im Aquarium darf nur ein Männchen sein, denn mehrere zusammengehaltene Männchen können einander töten.

287

Rasiermesserfisch [288] (*Aeoliscus strigatus*)

Dieser Fisch aus der im Stillen und im Indischen Ozean verbreiteten Familie der Rasiermesserfische (Centriscidae) hat einen schuppenlosen, jedoch mit einem äußeren Knochenpanzer bedeckten Körper. Der Schwanz ist verkürzt, die Rückenflosse überragt den Körper in Richtung nach hinten und bildet einen spitzen Körperabschluß. Die Fische schwimmen mit dem Schwanz nach oben und mit senkrecht nach unten gerich-

288

tetem Kopf. Gewöhnlich bilden sie kleinere Gruppen. In der Natur leben sie in engster Nähe mit Seeigeln. Warum sie das tun, ist noch nicht bekannt. Im Aquarium akklimatisieren sie sich schnell und fressen mit Appetit getrocknete oder lyophilisierte (gefriergetrocknete) Salinenkrebse, die in heißem Wasser eingeweicht wurden, damit sie zu Boden sinken, oder Fleischstückchen von anderen Krebstieren.

289

Leierfisch [289] (*Callionymus festivus*)

Der Leierfisch ist ein farbenreicher Vertreter der Familie der Leierfische (Callionymidae). Er lebt im Mittelmeer, in der Adria und im Schwarzen Meer. Das Männchen (289) wird bis 14 cm lang. Er hält sich auf sandigem Boden in einer Tiefe von 1–3 Metern auf und laicht im Juli und August. Am Boden bewegen sich die Fische springend fort. Die laichwilligen Weibchen zucken mit der ersten Rückenflosse. Während des Laichens schwimmt das Paar zur Oberfläche und stößt Eier und Spermien aus. Die Eier schwimmen zuerst auf der Wasseroberfläche. Im Aquarium stellt der Leierfisch hohe Ansprüche an den Sauerstoffgehalt, er nimmt tierische Nahrung verschiedenster Art an. Der Fisch jagt gern auch kleines Süßwasserplankton, Hüpferlinge und Wasserflöhe oder aus dem Benthos hauptsächlich kleine Rote Mückenlarven. Ungemein fesselnd ist die Balz des Männchens, das seine Auserwählte mit seiner riesig gespreizten bunten Rückenflosse ständig umschwimmt.

Scharfnase [290] (*Tripterygium nasus*)

Die Scharfnase gehört in die selbständige Familie der Dreiflossen-Schleimfische (Tripterygiidae). Von den übrigen Schleimfischen unterscheidet sie sich schon auf den ersten Blick durch die drei Rückenflossen und den verhältnismäßig kleinen, zugespitzten Kopf mit kleinem Mund. Der Fisch bewohnt die Brandungszone, steigt aber bis in eine Tiefe von 25 m herab. Er hält sich vorwiegend an felsigen Orten auf, die dicht mit Algen verschiedenster Art bewachsen sind. Auch auf der Flucht sucht er keine Verstecke auf, sondern springt bei Erregung auf den Felsen herum.

290

Das Männchen (290) ist in der Laichzeit wunderschön rot gefärbt. Kopf, Kehle und Bauchflossen sind schwarz. Es wird etwa 7 cm lang. Das Weibchen ist kleiner und unauffällig hellbraun gefärbt. Es legt die Eier an kahle, senkrechte Felswände ab. Das Männchen behütet das Eigelege und seine Umgebung von etwa zwei Metern. Die Scharfnase ist überall im Mittelmeer und in der Adria häufig. Im Aquarium benötigt der Fisch stark mit Sauerstoff angereichertes und gut gefiltertes Wasser. Gefüttert wird häufig, aber in geringen Dosen mit kleinen Planktonkrebschen, wie Hüpferlingen und Wasserflöhen. Der Fisch geht häufig ohne sichtbare äußere Ursachen ein.

Bandschild [291, 292] (*Lepadogaster lepadogaster*)

Dieser Fisch zählt zur Familie der Scheibenbäuche (Gobiesocidae), die eine stachellose Rückenflosse haben. Auf der Bauchseite liegt ein Saugorgan (292), das teils aus den Bauch-, teils aus den Brustflossen bzw. aus den umgewandelten Knochen des Schultergürtels gebildet wird. Es handelt sich durchweg um kleine, in der Brandungszone lebende Fische, die unter Steinen verborgen leben. Das Saugorgan ermöglicht ihnen, sich auch auf glatter Felsoberfläche so festzuhalten, daß selbst die stärkste Brandung sie nicht herunterreißt.

291

Die Gattung *Lepadogaster* mit mehreren Arten lebt in der Nähe der europäischen Ufer des Schwarzen Meeres, über die Adria und das Mittelmeer bis Großbritannien. Das Bandschild erreicht eine Länge von 7–12 cm. Ausgewachsene Männchen haben stark entwickelte Hauttentakel bei den Geruchsgruben. Ihr Fang ist ziemlich schwierig.

292

Häufig muß im Kreis um den angenommenen Ort ihres Vorkommens ein Rollstein nach dem andern bis auf den Sandboden hochgehoben und fortgeworfen werden. Dabei wird in Richtung zur Mitte vorgegangen, bis auf einem der letzten Steine der Fisch entdeckt und gefangen wird. Am besten ist es, den Stein immer erst in ein Netz zu legen und ihn dann zu untersuchen. Das Fischchen schiebt sich nämlich flink mit dem Saugorgan auf die Unterseite des Steins. Beim Transport ist der Fisch sehr widerstandsfähig. Er verweigerte z. B. volle 21 Tage lang die Nahrungsaufnahme. Nach dem Einsetzen ins Aquarium war er aber bereits nach drei Tagen neugierig und ließ sich mit einem guten Bissen heranlocken. Auch mehrere Exemplare zwischen am Boden verstreuten Rollsteinen vertragen sich gut. Sie fressen *Tubifex*-Würmer, Rote Mükkenlarven sowie Fisch- und Geflügelfleischstreifchen. Probeweise wurden fünf Exemplare ein halbes Jahr ausschließlich mit magerem Schweinefleisch gefüttert, das allgemein für Fische als gänzlich ungeeignet gilt. Überraschenderweise wuchsen die Fische bei dieser Kost ausnehmend gut, und es gelang nur schwer, sie wieder an andere Nahrung zu gewöhnen, die ihnen lange Zeit nicht schmeckte. In der Gefangenschaft ist die Zucht einfach. Die Fische sind widerstandsfähig und lassen sich im Aquarium in ausgezeichnetem körperlichen Zustand viele Jahre lang am Leben erhalten.

LITERATURHINWEISE

Allen, G. R.: The Anemonenfishes (Their Classification and Biology). T. F. H. Publ. Inc., Neptune, New Jersey, 1972.

Angel, F.: Atlas des poissons - tome IV: Aquariophilie, Paris, N. Boubée et Cie, 1970.

Arnold, P. – Ahl, E.: Fremdländische Süßwasserfische. Wenzel u. Sohn, Braunschweig, 1936.

Axelrod, H. R. – Burgess, W. E.: African Cichlids of Lakes Malawi and Tanganyika. (4. Aufl.) T. F. H. Publ. Inc., Neptune, New Jersey, 1976.

Axelrod, H. R., and others: Exotic Tropical Fishes. T. F. H. Publ. Inc., Neptune, Jersey City 2, New Jersey, 1961.

Axelrod, H. R. – Emmens, C. W.: Exotic Marine Fishes. T. F. H. Publ. Inc., Jersey City 2, N. J., 1969.

Axelrod, H. R. – Vorderwinkler, W.: Salt-Water Aquarium Fishes. T. F. H. Publ. Inc., Jersey City 2, New Jersey, 1967.

Bade, E.: Das Süßwasser-Aquarium. (5. Aufl.) F. Pfenningstorff, Berlin, 1934.

Baensch, H. A. – Riehl, R.: Aquarien Atlas. Bd. 2., Mergus Verlag, Melle, 1985.

Bath, H.: Revision der Blenniini (Pisces: Blenniidae). Senckerbergiana, Biologica, 57, 4/6, 167–234, 1977.

Bech, R.: Eierlegende Zahnkarpfen. Neumann-Verlag, Leipzig – Radebeul, 1984.

Breder, Ch. M. – Rosen, D. E.: Modes of Reproduction in Fishes. T. F. H. Publ. Inc., Neptune, New Jersey, 1966.

Brichard, P.: Das große Buch der Tanganjika Cichliden. Bede Verlag, Kollnburg. Copyright T. F. H. Publ. Inc., 1992.

Cust, G.: Guide des poissons et de l'aquarium tropical. Lausanne, Édition de la Tête de Feuilles, 1976.

Dahlstrom, P. – Schiotz, A.: Aquarium Fishes. Collins, 1972.

Emmens, C. W.: How to Keep and Breed Tropical Fish. T. F. H. Publ. Inc., 1962.

Frank, S.: The Pictorial Encyclopedia of Fish. Hamlyn, 1969.

Franke, H.-J.: Handbuch der Welskunde. Urania Verlag, Leipzig – Jena – Berlin, 1985.

Fryer, G. – Iles, T. D.: The Cichlid Fishes of the Great Lakes of Africa. T. F. H. Publ. Inc., Neptune, New Jersey, 1972.

Géry, J.: Characoids of the World. T. F. H. Publ. Inc., Neptune, New Jersey, 1977.

Goldstein, R. J.: Cichlids of the World. T. F. H. Publ. Inc., Neptune, New Jersey, 1971.

Holly, M. – Meinken, H. – Rachow, A.: Die Aquarienfische in Wort und Bild. Alfred-Kernen-Verlag, Stuttgart, 1932–67.

Innes, W. T.: Exotic Aquarium Fishes. (17. Aufl.) Innes Publishing Company, Philadelphia, 1954.

Jacobs, K.: Die lebendgebärenden Fische der Süßgewässer. VEB Edition, Leipzig, 1969.

Klausewitz, W. – Peyronel, B. – Tortonese, E. – Vesco, V. D.: Life in the Aquarium. Octopus, 1974.

Luther, W. – Fiedler, K.: Die Unterwasserfauna der Mittelmeerküste. (2. Aufl.) Verlag Paul Parey, Hamburg – Berlin, 1967.

Mayland, H. J.: Complete Home Aquarium. Ward Lock, 1976.

Mayland, H. J.: Große Aquarienpaxis. I. Aquarium-Pflanzen-Fische. Landbuch-Verlag, Hannover, 1977.

Mayland, H. J.: Große Aquarienpraxis. II. Tropische Aquarienfische. Landbuch-Verlag, Hannover, 1979.

Mayland, H. J.: Große Aquarienpraxis. III. Cichliden u. Fischzucht. Landbuch-Verlag, Hannover, 1978.

Pinter, H.: Handbuch der Aquarienfisch-Zucht. Alfred-Kernen-Verlag, Stuttgart, 1966.

Richter, H.-J.: Das Buch der Labyrinthfische. Neumann-Verlag, Leipzig – Radebeul, 1979.

Riedl, R.: Fauna u. Flora der Adria. Verlag Paul Parey, Hamburg – Berlin, 1970.

Riehl, R. – Baensch, H. A.: Aquarien Atlas. Bd. 1., Mergus-Verlag, Melle, 1983.

Riehl, R. – Baensch, H. A.: Aquarien Atlas. Bd. 3., Mergus-Verlag, Melle, 1990.

Scheel, J.: Rivulins of the Old World. T. F. H. Publ. Inc., Jersey City 2, New Jersey, 1968.

Sterba, G.: Süßwasserfische aus aller Welt. (3. Aufl.) Urania-Verlag, Leipzig – Jena – Berlin, 1977.

Sterba, G.: Süßwasserfische der Welt. (1. Aufl.) Urania-Verlag, Leipzig – Jena – Berlin, 1987.

Vierke, J.: Labyrinthfische u. verwandte Arten. Engelbert Pfriem Verlag, Wuppertal – Elberfeld, 1978.

Walls, J. G.: Fishes of the Northern Gulf of Mexico. T. F. H. Publ. Inc., Neptune, 1975.

Wheeler, A.: Fishes of the World. Macmillan Publ. Co., Inc., New York, 1975.

REGISTER DER DEUTSCHEN NAMEN

Die kursiv gesetzten Zahlen verweisen auf Nummern der Abbildungen.

REGISTER DER LATEINISCHEN NAMEN

Die kursiv gesetzten Zahlen verweisen auf Nummern der Abbildungen.